MARSILIUS
KOLLEG

SCHRIFTEN
DES
MARSILIUS-KOLLEGS
Band 12

T0145430

Universitätsverlag
WINTER
Heidelberg

UNIVERSITÄT
HEIDELBERG
ZUKUNFT
SEIT 1386

Das Marsilius-Kolleg der Universität Heidelberg ist eine Einrichtung, die das Gespräch und die Zusammenarbeit zwischen den Wissenschaftskulturen fördert. Im Mittelpunkt steht der Brückenschlag zwischen den Natur- und Lebenswissenschaften einerseits und den Geistes-, Sozial- und Rechtswissenschaften andererseits. Die Erträge werden mit den Schriften des Marsilius-Kollegs der Öffentlichkeit zugänglich gemacht.

HANS-JÖRG RHEINBERGER

Natur
und Kultur
im Spiegel
des Wissens

Marsilius-Vorlesung
am 6. Februar 2014

Universitätsverlag
WINTER
Heidelberg

Bibliografische Informationen der Deutschen Nationalbibliothek

Die Deutsche Nationalbibliothek verzeichnet diese Publikation
in der Deutschen Nationalbibliografie;
detaillierte bibliografische Daten sind im Internet
über *http://dnb.d-nb.de* abrufbar.

ISBN 978-3-8253-6439-7

© 2015 Universitätsverlag Winter GmbH Heidelberg
Imprimé en Allemagne · Printed in Germany
Druck: Memminger MedienCentrum, 87700 Memmingen

Gedruckt auf umweltfreundlichem, chlorfrei gebleichtem
und alterungsbeständigem Papier

Den Verlag erreichen Sie im Internet unter:
www.winter-verlag.de

Wolfgang Schluchter

Einführung zur Marsilius-Vorlesung am 6. Februar 2014

Unser heutiger Gast ist gleichsam das Marsilius-Kolleg in einer Person. Er spricht beide Sprachen, die diesseits und die jenseits des Neckars und auch die dazwischen vermittelnde. So schlug er in sich selbst die Brücke zwischen den Wissenschaftskulturen. Wir haben es gehört: Er begann als Philosoph und entwickelte sich zum Biologen, zum experimentellen Wissenschaftler, schließlich zum Wissenschaftshistoriker, zum historischen Epistemologen, um genau zu sein, für den die Verbindung der Wissenschaftsgeschichte, insbesondere der Geschichte der Naturwissenschaften und ihrer Experimentalsysteme, mit der Erkenntnistheorie zwingend ist. Er verfolgt dabei ein Programm der Dekonstruktion, und es ist wohl kein Zufall, dass – nach Althusser, dem strukturalistischen Marxisten, nach Taubes, dem Gnostiker und nach Paul Feierabend, dem methodologischen Anarchisten – ihn nach all diesen Jacques Derrida, der Meister der Dekonstruktion, in die Philosophie führte. Herr Rheinberger hat denn auch dessen Hauptwerk, die Grammatologie, zusammen mit Hanns Zischler ins Deutsche übersetzt.

Überhaupt scheint vor allem die französische Philosophie Rheinbergers wichtigste Inspirationsquelle, gewissermaßen im Gegenzug zu Teilen der anglo-amerikanischen Philosophie, mit ihrer Tendenz zur Sprach- und Theoriedominanz sowie ihrem emphatischen Rationalitätsbegriff, mit dem sie wissenschaftliche Entwicklungen beurteilt. (Man denke an die Popper-Kuhn-Lakatos-Debatte.) Man kann geradezu sagen: Er fordert uns Rationalisten auf, die Seiten zu wechseln – von der Sprachanalyse zur Schriftanalyse, von der Theorie zur Praxis, von der Rationalität zu den vorrationalen Unterströmungen wissenschaftlicher Arbeit. Dabei interessiert ihn vor allem, was Verschriftlichung für die Praxis der experimentell arbeitenden Wissenschaften, ja für die Wissenschaften überhaupt, bedeutet. Wie konstituieren wir unsere „epistemischen Objekte" mittels einer Schrift, die mit Kritzelei beginnt und sich durch Schreiben, Überschreiben und Fortschreiben zum Artikel oder gar zum Buch mausert, wobei Fortschreiben nicht immer auch Fortschreiten, Fortschrift nicht immer auch Fortschritt heißen muss? Vom ersten Gekritzel bis zum Aufsatz in *Nature* oder zum Lehrbuch – das gilt ihm als eine Erzeugungsbewegung, in der das, was wir als wissenschaftliche Wahrheit verstehen, allererst konstruiert wird. Eine Schrift ist für Hans Jörg Rheinberger dabei weder eine Verdoppelung von Sachverhalten noch eine bloße Verlautbarung sprechender Subjekte, sondern Folge einer „graphisch-haptische[n] Tätigkeit eigener Prägung". Und er geht so weit zu sagen: „Alles Sein, als Dasein, ist geschriebenes Sein."

Erkenntnistheoretisch gesehen bedeutet dies natürlich den radikalen Bruch mit dem Subjekt-Objekt-Dualismus, der spätestens seit Descartes unsere erkenntnistheoretischen Diskussionen beherrscht. Es bedeutet aber auch den radikalen Bruch mit dem Dualismus von Natur und Kultur, einer Vorstellung, welche die Unterwerfung der Natur unter das Diktat des Menschen und ihre Ausbeutung durch ihn begünstigte. In einer seiner eher essayistischen Schriften erwägt Rheinberger, ob es inzwischen nicht tunlich sei, Michel Serres Vorschlag zu folgen, nicht nur mit anderen Menschen, sondern auch mit der Natur einen Vertrag zu schließen, einen contract naturel sozusagen. Denn man müsse zugeben, dass es nur noch Natur-Kultur-Hybride gebe, was keinen extramundanen Standpunkt des Menschen gegenüber der Natur mehr erlaube.

Die Kritik am (ontologischen) Dualismus bedeutet zugleich die Abkehr von einem naiven Realismus, dem die meisten Wissenschaftler huldigen. Aber diese Abkehr bedeutet keine Zustimmung zu einem naiven Konstruktivismus. Vielmehr geht es darum, Zwischenlagen zu erfassen. Ich habe den Eindruck, Hans Jörg Rheinbergers Philosophie ist eine Art Philosophie des Dazwischen. Dekonstruktion und Konstruktion sind nur zwei Seiten derselben Medaille. Das Ziel ist nicht die Rechtfertigung des willkürlichen Erfindens, sondern das Achten auf die Zwischenlage, auf das Hybride, auf die Mischform, auf die Kontamination. Sie entsteht aus der Dialektik von „Unhintergehbarem" und „Unvorwegnehmbarem". In die „epistemischen Objekte", die wir erforschen, sind wir nach einer schönen Formulierung von Jacques Lacan, „versäumt" (suturé). Wir wissen auch nie im Voraus, wohin unser Forschen uns leitet. Wir sind selbst als Wissenschaftler ein solches Dazwischen, und aus dieser Zwischenlage finden wir auch nicht durch Reflexion heraus.

Unser Gast demonstrierte dieses Ineinander von Dekonstruktion und Konstruktion unter anderem an der Geschichte der Genetik, an ihrer Entwicklung vom klassischen, über den molekularbiologischen, bis zum systembiologischen Ansatz, an einer Entwicklung also, die aus dem Zeitalter der Genetik in das der Postgenetik führt. Ihn interessieren dabei vor allem drei Entwicklungen, die hauptsächlich in die Zeit von 1960 bis 1980 fielen und die schließlich zur Auflösung nicht nur des klassischen, sondern auch des molekularen Genbegriffs führten: die Entdeckung der Doppelhelixstruktur der DNA, die Untersuchung von Eiweißsynthesen in der Zelle und die Unterscheidung von Genarten und ihre Verbindung zu einem genetischen Programm. Er spricht in diesem Zusammenhang von einem „molekularen Dekonstruktionsprozeß", der sich dabei ereignet habe. In diesem Dekonstruktionsprozess sei der Begriff des Gens immer komplexer und wohl auch vager geworden. In der Geschichte der Genetik habe sich das Gen als „epistemisches Objekt" also ständig verändert, und daraus könne man lernen, dass vage, unpräzise Begriffe zumindest in den experimentellen Wissenschaften keineswegs immer schädlich sind. Auch zeige diese Entwicklung überdeutlich, dass begriffliche Veränderungen experimentellen Durchbrüchen in der Regel nicht vorausgehen, sondern ihnen folgen, dass Experimentalsysteme deshalb nicht als reine Prüfinstanzen für vorweg entworfene Theorien oder Hypothesen verstanden werden dürften. Damit sind wir wieder bei unserem Ausgangspunkt angelangt: Die Praxis müsse Vorrang vor der Theorie haben, wenn wir das Entstehen wissenschaftlicher Wahrheit verstehen wollen.

Von Michael Polanyi stammt der Satz, „daß wir mehr wissen, als wir zu sagen wissen". Das stumme Wissen, die „tacit knowledge", sei die Voraussetzung dafür, dass es sagbares Wissen, explizites Wissen überhaupt geben kann. Hans Jörg Rheinberger scheint sehr viel Sympathie für diese Denkfigur zu haben. Sie verweist auf das Vorbewusste, das Vorrationale, das gerade auch die wissenschaftliche Tätigkeit mitbestimmt. Wildes Denken, aber auch das Basteln, beides gehöre zur wissenschaftlichen Praxis. Es gibt für ihn nicht nur die Tagseite, sondern auch die Nachtseite der Wissenschaft. Die Wissenschaft ist ihm eben nur ein Kulturgebilde neben anderen, und der wissenschaftliche Produktionsprozess stehe zum Beispiel dem künstlerischen Produktionsprozess näher, als man gemeinhin denkt.

Verehrter Herr Rheinberger, wir sind gespannt, was Sie uns heute zu sagen wissen. Dass Sie mehr wissen, als sie uns sagen werden, das nehmen wir dabei gerne in Kauf.

Hans-Jörg Rheinberger

Max-Planck-Institut für Wissenschaftsgeschichte, Berlin

Natur und Kultur im Spiegel des Wissens[1]

Die Rede von den zwei oder mehr Kulturen – je nachdem welchem Autor man folgt – und der Überwindung ihrer Grenzen ist ein Dauerthema seit fünfzig Jahren.[2] So formulierte es der viel zitierte – und wenig gelesene – Charles Percy Snow 1959: „Literarische Intellektuelle auf der einen Seite – auf der andern Wissenschaftler, und als die repräsentativsten unter ihnen die Physiker. Zwischen den beiden ein Abgrund von Unverständnis – manchmal (besonders unter den Jungen) Feindseligkeit und Abneigung, vor allem aber fehlende Verständigung."[3] Und er forderte: „Die Kluft zwischen unseren Kulturen zu schließen, ist eine Notwendigkeit, und zwar sowohl im ganz abstrakten geistigen als auch im ganz praktischen Sinn. Wenn die beiden auseinandergefallen sind, ist eine Gesellschaft nicht mehr in der Lage, weise zu denken."[4] Snows Klage und Forderung kam nach dem Sput-

[1] Erweiterter Text der Marsilius Lecture vom 6. Februar 2014, Marsilius-Kolleg, Universität Heidelberg; vgl. zu der Thematik auch: Wolfgang Schluchter: *Natur und Kultur. Über die spannungsreiche Beziehung zwischen den Natur- und Kulturwissenschaften*, in: *Forum Marsilius-Kolleg 07 (2013)*.

[2] Die Literatur dazu ist unüberschaubar. Hier seien nur genannt Wolf Lepenies: *Die drei Kulturen. Soziologie zwischen Literatur und Wissenschaft*, München: Hanser 1985; Jost Halfmann und Johannes Rohbeck (Hg.): *Zwei Kulturen der Wissenschaft – revisited*, Weilerswist: Velbrück 2007.

[3] C.P. Snow: *The Two Cultures and the Scientific Revolution. The Rede Lecture* 1959, New York: Cambridge University Press 1961, S. 4. (Übers. d. A.)

[4] Ebd., S. 53.

nik-Schock und auf dem Höhepunkt des Kalten Krieges, und es ist
unüberhörbar, dass er ein Systemdefizit diagnostizierte. Die westliche
Welt vertat eine Ressource: „Es scheint keinen Platz zu geben, wo
sich die Kulturen treffen. [...] Im Herzen unseres Denkens und schöp-
ferischen Tuns vertun wir einige unserer besten Chancen. Das Aufei-
nandertreffen von zwei Subjekten, zwei Disziplinen, zwei Kulturen –
gar zwei Galaxien – sollte kreative Möglichkeiten eröffnen. In der
Geschichte des Denkens kamen so einige Durchbrüche zustande. Die
Chancen sind heute da. Aber sie stehen sozusagen im luftleeren
Raum, denn die Vertreter der zwei Kulturen können nicht miteinander
reden."[5]

Vor einem halben Jahrhundert kam in eben diesem Zusammenhang auch der Ruf nach Interdisziplinarität auf, der bis heute nicht
wieder verstummt ist.[6] Ein früher institutioneller Ausdruck dieser De-
batte in Deutschland war bekanntlich die Einrichtung des heute noch
bestehenden Zentrums für Interdiziplinäre Forschung an der neu gegründeten Universität Bielefeld im Jahre 1968.[7] Seither ist der Faden
dieser Diskussion nicht mehr abgerissen, wenn in den Debatten und
Förderinitiativen auch oft die Felder etwas enger gesteckt wurden als
die mit den zwei Kulturen bezeichneten. Das sollte uns darauf aufmerksam machen, dass es um mehr als eine transiente Mode geht.
Mein Eindruck ist, dass wir es vielmehr mit den Zeichen einer tief
greifenden Rekonfiguration auf dem Feld der Wissenschaften und ihrer Entwicklung zu tun haben. War die Klage des Physikers, Schrift-
stellers und Politikers Snow – der sich selbst allerdings äußerst sicher

---

[5]   Ebd., S. 17.

[6]   Für den deutschen Kontext vgl. Helmut Holzhey (Hg.): *Interdisziplinär*,
      Basel: Schwabe 1974; ein zeitlich vergleichbares Beispiel aus Frankreich
      findet sich in Louis Althusser: *Philosophie et philosophie spontanée des
      savants* (1967). *Cours de philosophie pour scientifiques*, Paris: Maspero
      1974. Die sich anschließende Literatur über Inter- und dann auch Trans-
      disziplinarität füllt Bibliotheken und ist in alle Fachzusammenhänge
      ausgefächert.

[7]   Zu einer Bestandsaufnahme vgl. Jürgen Kocka (Hg.): *Interdisziplinarität.
      Praxis – Herausforderung – Ideologie*, Frankfurt am Main: Suhrkamp
      1987.

zwischen den Kulturen zu bewegen wusste – nur die Künderin einer zu Ende gehenden Epoche – eine klassische Eule der Minerva also?

Disziplinen, historisch gesehen

Beginnen möchte ich mit einer historischen Digression zur Geschichte der wissenschaftlichen Disziplinen. In der Kürze, in der das hier geschehen muss, grenzt das an eine Karikatur, dient aber der Verdeutlichung des Arguments. So, wie wir die Disziplinen vom Universitätskanon her kennen, sind sie keine 200 Jahre alt. Noch im späten 18. Jahrhundert existierte ganz selbstverständlich so etwas wie eine einheitliche Kompetenz des *Gelehrten*, des *savant*. Als sich die Naturwissenschaften im späten 17. und im Laufe des 18. Jahrhunderts teils aus der Naturphilosophie heraus entwickelten, teils von der Medizin emanzipierten, fanden sie ihren Platz in den philosophischen Fakultäten.[8] Die Verfasser der französischen *Encyclopédie* waren Technologen, Literaten, Naturforscher, Anthropologen, Sozialforscher und Philosophen nicht nur als Team, sondern oft genug – in unterschiedlicher Kombination der Kompetenzen – auch in einer Person. Sie hätten wahrscheinlich Snows Klage über die Teilung der Kulturen noch nicht einmal als *Problem* verstanden.

Diese einheitliche Kompetenz spaltete sich erst im Laufe des 19. Jahrhunderts sichtbar und deutlich auf. Die Grenzen zwischen den Fächern und Disziplinen, die sich im Verlauf des 19. Jahrhunderts an den Universitäten herausbildeten, waren jedoch von niemand dekretiert, sie waren vielmehr das Ergebnis der mächtig einsetzenden *internen* Differenzierungsdynamik der Wissenschaften selbst. Bereits 1862, beim Antritt seines Prorektorats an der Universität Heidelberg,

---

[8] So wurde beispielsweise der erste Lehrstuhl für Zoologie in Deutschland 1810 an der Philosophischen Fakultät der neu gegründeten Berliner Universität geschaffen. Vgl. Ilse Jahn: *Zur Herausbildung biologischer Disziplinen an der Berliner Universität im 19. Jahrhundert, mit besonderer Berücksichtigung der Zoologie*, in: *Akademie der Wissenschaften der DDR, Institut für Theorie, Geschichte und Organisation der Wissenschaft. Kolloquien*, Heft 27 (1982), S. 1-16.

hatte der 1858 von Bonn nach Heidelberg berufene Hermann Helmholtz gefragt: „Wer soll noch das Ganze übersehen, wer die Fäden des Zusammenhanges in der Hand behalten und sich zurecht finden? Wir sind jetzt geneigt zu lachen, wenn wir hören, dass im 17. Jahrhundert Keppler als Professor der Mathematik und der Moral nach Gratz berufen wurde [...]".[9] Und er fragte weiter: „Da nun die Sache so liegt, da sich die Wissenschaften in unendlich viele Aeste und Zweige gespalten haben, da lebhaft gefühlte Gegensätze zwischen ihnen entwickelt sind, da kein Einzelner mehr das Ganze oder auch nur einen erheblichen Theil des Ganzen umfassen kann, hat es noch einen Sinn, sie alle an denselben Anstalten zusammenzuhalten?"[10] Sein Plädoyer für die Beibehaltung der Universität mit allen ihren Fakultäten als privilegierten Ort der Vermittlung und Verständigung gründete er dann auf die Notwendigkeit der Erhaltung eines „gesunden Gleichgewichts der geistigen Kräfte",[11] insbesondere zwischen den Geistes- und den Naturwissenschaften, denen Helmholtz zwar unterschiedliche, aber als gleichwertig anerkannte Formen der Induktion – die „logische" und die „künstlerische" Induktion[12] – zuordnete. Es ist dabei nicht uninteressant zu bemerken, dass Helmholtz die den Naturwissenschaften komplementäre Denkweise zwar universitär in den Geisteswissenschaften angesiedelt, aber in höchster Ausprägungsform in den Künsten verwirklicht sah. Die überragende Figur des Geisteslebens in Deutschland, die er dabei vor Augen hatte, war zweifellos Johann Wolfgang von Goethe.

Auf dem Höhepunkt dieses Differenzierungsprozesses, der neben dem Bereich der Naturwissenschaften gleichermaßen auch den der Geisteswissenschaften erfasst hatte, die ihrerseits wiederum im Begriff waren, sich in Geisteswissenschaften im engeren Sinne und in Sozialwissenschaften zu differenzieren, kam es am Ende des 19. Jahr-

---

[9] Hermann Helmholtz: *Über das Verhältniss der Naturwissenschaften zur Gesammtheit der Wissenschaft* (1862), in: Gesammelte Schriften, Bd. V.1, Vorträge und Reden, Hildesheim – Zürich – New York: Olms-Weidmann 2002, S. 157-185, auf S. 162.

[10] Ebd., S. 166.

[11] Ebd., S. 167.

[12] Ebd., S. 171.

hunderts dann auch zu einer dezidiert abgrenzenden Selbstverge-
wisserung der Geisteswissenschaften gegenüber den Naturwissenschaften. Das war letztlich eine Reaktion auf deren Anspruch als
wirkmächtige, deshalb tonangebende Wissenschaften und deren ex-
pandierenden Geltungsanspruch. Wilhelm Diltheys Unterscheidung
zwischen naturwissenschaftlichem *Erklärungsanspruch* und kultur-
oder geisteswissenschaftlichem *Verstehensanspruch*[13] und Wilhelm
Windelbands Unterscheidung zwischen nomothetischer und idiogra-
phischer Forschung[14] gruben sich tief in das akademische Bewusstsein der Jahrhundertwende ein. Daran hatte der ausdrückliche Ver-
zicht führender Naturwissenschaftler der Zeit – so etwa Emil Du
Bois-Reymond in seiner berühmten, langen Nachhall auslösenden
sogenannten „Ignorabimus"-Rede[15] – auf eine naturwissenschaftliche
Erklärung der Dinge des Geistes wie auch die sich langsam bemerk-
bar machende Relativierung ihrer Grundbegriffe als Ergebnis eigener,
innerer Weiterungen nicht unwesentlichen Anteil.

Nun wissen wir alle, dass im Prozess dieser den cartesischen Dualismus zementierenden Spaltung und der Kodifizierung ihrer methodischen Rechtfertigung bestimmte Wissensbereiche – und nicht zu
kleine – übrig blieben, für die sich die General-Teilung in Natur und
Geist, in Natur und Kultur, von Anfang an als problematisch erwies.
Das gilt insbesondere für die sich an der Wende vom 19. zum 20. Jahrhundert herausbildenden Sozialwissenschaften; es gilt aber ganz besonders auch für die Humanwissenschaften im spezifischen Sinne des

---

[13] Wilhelm Dilthey: *Einleitung in die Geisteswissenschaften. Versuch einer
Grundlegung für das Studium der Gesellschaft und Geschichte* (1883).
Gesammelte Schriften, Band 1, Göttingen: Vandenhoeck & Ruprecht
1959.

[14] Wilhelm Windelband: *Geschichte und Naturwissenschaft*, Strassburg:
Heitz 1894.

[15] Emil Du Bois-Reymond: *Über die Grenzen des Naturerkennens* (1872),
wiederabgedruckt in: *Reden von Emil Du Bois-Reymond*, Band 1, Leipzig: Veit & Co. 1912, S. 441-473; zum „Ignorabimus"-Streit vgl. zuletzt
Kurt Bayertz, Myriam Gerhard und Walter Jaeschke: *Naturwissenschaft
im 19. Jahrhundert,* Band 3: *Der Ignorabimus-Streit,* Hamburg: Felix
Meiner 2007.

Wortes, also die Wissenschaften vom Menschen und seinen Vermögen, wie etwa die Anthropologie, die Archäologie, die Linguistik und auch die Psychologie.[16] Es ist offensichtlich, dass man unter der Annahme der oben beschriebenen Zweiteilung die Gegenstände *dieser* Disziplinen als hybride, als zwieschlächtige Dinge betrachten muss. Sie ließen und lassen sich weder vollständig dem einen noch gänzlich dem anderen Bereich zuschlagen – jedenfalls nicht ohne Verlust gerade ihrer interessantesten und damit auch ihrer wesentlichen, die Untersuchung herausfordernden Eigenschaften. Das heißt aber, dass auch während der Blütezeit der akademischen Fächerdifferenzierung in ontologisch begründete Disziplinen ein großer Bereich wissenschaftlicher Forschung in einem Raum lag, der den Graben zwischen den beiden Seiten überspannte oder, so könnte man auch sagen, der genau diesen Graben selbst ausfüllte, ohne dass sich die Zuordnungsschwierigkeiten hätten auflösen lassen.

Doch schauen wir uns einmal die Seite der Naturwissenschaften etwas näher an. Sie werden ja bei solchen Betrachtungen meist als die eine kompakte und monolithische Seite hingestellt, deren Konturen ein für allemal als klar gegeben erscheinen. Ist das aber der Fall? Nehmen wir die Biologie als Beispiel. Die Biologie hat sich überhaupt erst im Laufe der ersten Hälfte des 19. Jahrhunderts als eine eigenständige, gegenüber Physik und Chemie relativ konsolidierte Formation profiliert, in deren Zentrum seit Beginn des Jahrhunderts Botanik und Zoologie standen. Diese differenzierten sich zusehends in Systematik auf der einen sowie Morphologie und Anatomie auf der anderen Seite. Um die Mitte des Jahrhunderts wurden diese Fächer von einer allgemeinen Theorie über die Entwicklung des Lebens auf der Erde, die Evolutionstheorie, überwölbt. Daneben etablierte sich ebenfalls um die Mitte des 19. Jahrhunderts die Physiologie. Sie löste sich von der Anatomie ab und baute zunehmend auf die Zelltheorie auf, als Wissenschaft von den allgemeinen, Tieren und Pflanzen gemeinsamen Erscheinungen des Lebens, eine Formulierung, die der französische Physiologe Claude Bernard für den Titel seines letzten

---

[16] Immer noch lesenswert in diesem Zusammenhang ist Edgar Morin: *Le paradigme perdu: la nature humaine*, Paris: Editions du Seuil 1973.

Buches verwendete.[17] Aus der Physiologie und der Morphologie heraus gewann am Ende des Jahrhunderts die experimentelle Entwicklungsbiologie an Gestalt. Das beginnende 20. Jahrhundert schließlich war gekennzeichnet durch den kometenhaften Aufstieg eines Spätankömmlings im Verbund der sich ausdifferenzierenden biologischen Disziplinen: die Genetik.[18] Physiologie, Entwicklungsbiologie und Genetik bildeten zusammen den Kern einer neuen experimentellen Biologie um die Jahrhundertwende, die aber jede für sich ihr eigenes, nicht reduzierbares Methodenarsenal entwickelt hatten. Als „allgemeine Biologie" im Sprachgebrauch der Zeit adressiert,[19] bildete sie das experimentelle Gegengewicht gegen die naturhistorisch fundierte Evolutionsbiologie.[20]

Zwischen 1800 und 1900 hatte sich die biologische Großwetterlage radikal geändert. Um 1800 war der Begriff der Biologie eingeführt worden als Ausdruck dafür, dass die Erforschung des Lebens einen eigenen Status anzunehmen im Begriff war, und um es als ein Phänomen *sui generis* nach außen abzugrenzen.[21] Kant hatte in seinen Reflexionen über die Erforschung des Organischen sich letztlich nicht entscheiden können, ob sie dem mechanischen Paradigma der Wis-

---

[17] Claude Bernard: *Lecons sur les phénomènes de la vie communs aux animaux et aux végétaux* (1878-1879), Paris: Librairie philosophique J. Vrin 1966.

[18] Vgl. dazu ausführlich Hans-Jörg Rheinberger und Staffan Müller-Wille: *Vererbung. Geschichte und Kultur eines biologischen Konzepts*, Frankfurt am Main: Fischer 2009.

[19] Vgl. Manfred D. Laubichler und Michael Hagner: *Der Hochsitz des Wissens. Das Allgemeine als wissenschaftlicher Wert*, Zürich und Berlin: Diaphanes 2006.

[20] Vgl. immer noch unübertroffen Ernst Mayr: *Die Entwicklung der biologischen Gedankenwelt. Vielfalt, Evolution und Vererbung*, Heidelberg – New York – Tokyo: Springer 1984.

[21] Vgl. dazu etwa Torsten Kanz: „...*die Biologie als die Krone oder der höchste Strebepunct aller Wissenschaften." Zur Rezeption des Biologiebegriffs in der romantischen Naturforschung (Lorenz Oken, Ernst Bartels, Carl Gustav Carus*, in: *NTM* 15 (2006), S. 77-92.

senschaften seiner Zeit grundsätzlich unterwerfbar war oder nicht.[22]
Der von den Biologen der Zeit – beispielhaft bei Johann Friedrich Blu-
menbach – meist angenommene *nisus formativus* blieb durchaus am-
bivalent in seiner Charakterisierung und schwankte zwischen einem
biologisch gewendeten Newtonianismus und weicheren Beseelungs-
vorstellungen. Im Laufe des 19. Jahrhunderts gewann vor allem in der
Physiologie das mechanische Paradigma die Oberhand. Um 1900 bezeichnete der Begriff der allgemeinen Biologie den Versuch, die Strukturen und Funktionen zu identifizieren, die allen Lebenwesen gemein-
sam waren, sie also von innen her zu definieren als lebende Systeme.
Doch nun stellte sich die Grundfrage des Lebens in Begriffen des
Systems und der Besonderheiten, die lebende Systeme auszeichneten.
Dass diese Geschichte zumeist als eine Geschichte der Auseinandersetzung zwischen Materialismus und Vitalismus geschrieben wurde,
hat letztlich dazu geführt, die Realdynamik ihrer Bewegung eher zu
verdecken als zu offenbaren.

Im weiteren Verlauf des 20. Jahrhunderts sollte sich diese reich-
haltige, aber weitgehend abgrenzbar differenzierte Disziplinen-Land-
schaft noch einmal grundlegend verändern. Zunächst waren es zwei
Zwitterwissenschaften, zwei Hybridbereiche, die das Terrain neu son-
dierten und die mühsam stabilisierten Grenzen der Biologie zur Chemie und zur Physik erneut zur Disposition stellten, die schon einmal
bei der Etablierung der Physiologie zur Disposition gestanden hatten.
Die eine war die Zwitterwissenschaft der Biochemie, das andere Hybrid war die Biophysik. Beide Gebilde stellten einerseits eine Fusion
im Sinne der Überwindung einer naturwissenschaftlichen Grunddif-
ferenzierung dar, andererseits nahmen sie selbst wiederum den Cha-
rakter mehr oder weniger eigenständiger Disziplinen an. Um die Mitte des 20. Jahrhunderts entstand schließlich eine Formation, die unter
dem Namen der Molekularbiologie in die Geschichte eingegangen
ist. Sie stellte sich ihrerseits dar als ein multiples Hybrid, eine Amalgamierung von biophysikalischen und biochemischen Techniken auf
der einen Seite mit genetischen Fragestellungen und Methoden auf

---

[22]   Vgl. dazu pointiert Peter McLaughlin: *Kants Kritik der teleologischen
Urteilskraft*, Bonn: Bouvier 1989.

der anderen. In der Molekularbiologie und ihrem Kern, der molekularen Genetik, wurden Physik, Chemie und Biologie noch einmal in einer Form aufeinander bezogen, die die bisherige Geschichte nicht gekannt hatte. Genau aus dieser Konstellation entwickelte sich dann auch eine in dieser Form ganz neuartige Vorstellung von der Besonderheit des Lebendigen, von biologischer Spezifität. Sie kreiste um die Begriffe der genetischen „Information" und des genetischen „Programms" und bediente sich einer Sprache, die Elemente aus allen diesen Bereichen in sich aufnahm.[23] Selbstreproduktion, Selbstproduktion und Selbstregulation des Lebens – die drei Kantschen Spezifika des Organischen – waren unter ein einheitliches Paradigma gebracht, das sich zudem des Vokabulars der Systemwissenschaft der Zeit, der Kybernetik, bediente und diese Spezifika nicht nur in biologischen Makromolekülen materiell verortete, sondern diesen mit dem Informationsbegriff auch ein Moment des unreduzierbar Formalen aufprägte.[24]

Die Molekularbiologie hatte bald selbst den Status einer biologischen Grundlagendisziplin erlangt, erfreute sich ihres Disziplinendaseins aber nicht lange.[25] So wie sie selbst das Ergebnis einer gewaltigen disziplinären Hybridisierung war, so gewaltig drängte sie über sich als Disziplin auch wieder hinaus. Das Arsenal an molekularen Werkzeugen, das aus ihr hervorging, ließ sie rasch zu einer Ansammlung von Techniken werden, die als solche nun Eingang in alle möglichen Bereiche der Erforschung des Lebendigen fanden und die Lebenswissenschaften insgesamt kapillar durchdrangen. Die zunächst

---

[23] Dazu klassisch François Jacob: *La logique du vivant. Une histoire de l'hérédité*, Paris: Gallimard 1970. Vgl. auch Christina Brandt: *Metapher und Experiment. Von der Virusforschung zum genetischen Code*, Göttingen: Wallstein 2004; speziell auch Hans-Jörg Rheinberger: *Epistemologie des Konkreten. Studien zur Geschichte der Biologie*, Frankfurt am Main: Suhrkamp 2006, Kap. 10.

[24] Vgl. dazu Lily E. Kay: *Das Buch des Lebens. Wer schrieb den genetischen Code?*, München und Wien: Hanser 2001.

[25] Vgl. dazu Soraya de Chadarevian und Hans-Jörg Rheinberger (Hg.): *Special Issue „Disciplinary Histories and the History of Disciplines: The Challenge of Molecular Biology"*, in: *Studies in History and Philosophy of Biological and Biomedical Sciences* 40/1 (2009).

auf die reine Analyse molekularer Strukturen und Prozesse ausgerichtete neue Biologie bereitete in den 1970er Jahren der Gentechnologie in ihren mannigfaltigen Formen den Weg. Mit der Aussicht auf eine technologische Handhabung der molekularen Grundlagen des Lebens eröffnete sich für die Biowissenschaften insgesamt nicht nur eine neue Ebene der Analyse, sondern es ergaben sich auch bisher nicht dagewesene, noch viel weiter reichende Schnittstellen: Die Molekularbiologie blieb nicht länger ein esoterisches Unternehmen, betrieben von einer kleinen Schar von reinen Grundlagenforschern, sondern transformierte sich in ein Feld, auf dem ökonomische und soziale Interessen sich mit den biotechnologischen Entwicklungsaussichten dieser Wissenschaft in Medizin und Landwirtschaft zu verbinden begannen. Das Humangenomprojekt war der *epistemische* Ausdruck dieser neuen Konstellation, die Entwicklung der molekularen Biotechnologie-Industrie mit ihren eng geknüpften Beziehungen zur universitären Forschung ihr *ökonomischer*.[26]

Gegenwärtig setzt sich für diesen biologisch-technischen Komplex immer mehr das Schlagwort einer Synthetischen Biologie durch. Mit ihr stellen sich bisher ungelöste soziale, kulturelle und ethische Fragen, die die Anwendungen der Gentechnik und Reproduktionsbiologie in der Humanmedizin und menschlichen Fortpflanzung wie auch in der Landwirtschaft begleiten.[27] Die Forschungsgegenstände – zugleich prospektive Anwendungsobjekte – in diesen Bereichen sind in der Regel nicht mehr durch ihre natürlichen – seien sie physikalisch, chemisch oder biologisch – oder technischen Aspekte allein bestimmt; auch sie sind mehrfach hybride Gegenstände, in denen sich sowohl Aspekte von Natur wie auch von Kultur untrennbar miteinander verbinden und sich auch nur verantwortlich handhaben lassen,

---

[26] Vgl. dazu Staffan Müller-Wille und Hans-Jörg Rheinberger: *Das Gen im Zeitalter der Postgenomik. Eine wissenschaftshistorische Bestandsaufnahme*, Frankfurt am Main: Suhrkamp 2009.

[27] Vgl. dazu etwa Bernadette Bensaude-Vincent und Dorothée Benoit-Browaeys: *Fabriquer la vie. Où va la biologie de synthèse?*, Paris: Seuil 2011; Kristian Köchy, Anja Hümpel (Hg.): *Synthetische Biologie. Entwicklung einer neuen Ingenieurbiologie?*, Berlin: Berlin-Brandenburgische Akademie der Wissenschaften 2012.

wenn diese Verbindung nicht ausgeklammert wird. Das technisch-kulturelle Potential bestimmt, was epistemisch relevant wird und das epistemische Potential bestimmt, was technisch-kulturell relevant werden kann. Damit sind wir bei einer Konstellation des Verhältnisses von Natur und Kultur angelangt, das uns nicht nur dazu einlädt, sondern auch herausfordert, unsere Aufmerksamkeit diesen beiden Kategorien zuzuwenden und sie selbst in ihrer Entstehung und in ihrem historisch wechselnden Zueinander zu betrachten. Um es an dieser Stelle mit Bruno Latour zu sagen, dabei das Bild des gordischen Knotens umkehrend: „Seit ungefähr 20 Jahren untersuchen meine Freunde und ich diese seltsamen Situationen, die von der intellektuellen Kultur, in der wir leben, nicht eingeordnet werden können. [...] immer geht es darum, den gordischen Knoten neu zu knüpfen, indem man so oft wie nötig die Grenze überschreitet, welche die exakten Wissenschaften von der Ausübung der Macht trennt, oder sagen wir: die Natur von der Kultur."[28]

Lassen Sie mich an dieser Stelle aber erst einmal kurz das Gesagte zusammenfassen. Erstens können wir festhalten, dass es auch zu den Hochzeiten der Trennung von Natur- und Geisteswissenschaften immer hybride Forschungsfelder und Forschungsgegenstände gegeben hat, die sich zwischen den beiden stipulierten Kulturen ansiedelten. Zweitens war es die Dynamik der historischen Entwicklung der Wissenschaften selbst, die im 19. Jahrhundert zunächst eine zunehmende Trennung von Dizsiplinen einleitete und sie dann zementierte, und die im Verlaufe des 20. Jahrhunderts gewissermaßen in einer Gegenbewegung wiederum zu einer weit reichenden Kreuzreaktion und Verflüssigung dieser disziplinären Grenzen geführt hat. Drittens sehen sich heute Wissenschaftler gerade auch in vielen naturwissenschaftlichen und vor allem naturwissenschaftlich-technischen Bereichen mit der Notwendigkeit konfrontiert, sich in ihrer Forschung nicht nur an neuen Grenzlinien zu bewegen, die nicht länger mit den Wissensgrenzen der traditionellen Fächer übereinstimmen, sondern

---

[28] Bruno Latour: *Wir sind nie modern gewesen. Versuch einer symmetrischen Anthropologie*, Frankfurt am Main: Fischer 1998, S. 9-10.

darüber hinaus mit dem Umstand, dass sich in die Konturen ihrer Wissensgegenstände eine kulturelle Dimension einschreibt, von der die Objektdefinition nicht mehr ohne Bedeutungsverlust abstrahieren kann.

Ich habe hier absichtlich etwas ausführlicher über die Naturwissenschaften – am Beispiel der Biologie – gesprochen, da man deren Differenzierungen und Grenzen gerade im Lager der Geistes- und Sozialwissenschaften gemeinhin als gegeben und außer Frage stehend voraussetzt. Die Naturwissenschaften sind aber, wie allein dieser oberflächliche Blick auf die Biologie zeigt, selbst einer unaufhaltsamen historischen Dynamik ausgesetzt. Eine vergleichbare Beweglichkeit gilt natürlich auch für die Fächer in den Geistes-, Kultur- und Sozialwissenschaften, nur wird diese umgekehrt im Lager der Naturwissenschaften oft als das mindere Kennzeichen dieser Fächer betrachtet. Hier kommt aber noch eines hinzu, wenn die Grenzbereiche der beiden Großformationen in Bewegung geraten: die Beobachtung – und Beachtung – einer Symmetrie. „Grenzüberschreitungen in *beide* Richtungen" sind, um die Diagnose des ETH-Physikers Martin Quack an dieser Stelle aufzugreifen, heute an der Tagesordnung.[29]

Insbesondere scheint mir, dass es für beide Seiten – die Naturwissenschaften wie die Geisteswissenschaften – immer wichtiger wird, ein Bewusstsein für die Veränderungsdynamik der für sie jeweils spezifischen *Forschungsgegenstände* zu entwickeln. Die Gegenstände des Wissens wie die Anwendungen dieses Wissens haben alle ihre historischen Trajektorien, die entscheidend davon abhängen, welche Zugriffsmöglichkeiten sich jeweils auf sie eröffnen. Der Bedeutung dieser Zugriffsmöglichkeiten ist es auch geschuldet, dass ich es an dieser Stelle dennoch vorziehe, am Begriff der historischen Epistemologie festzuhalten und nicht von einer historischen Ontologie zu sprechen.[30]

[29] Martin Quack: *Naturwissenschaften! Warum überhaupt? Warum nicht? Gegenworte* in: *Hefte für den Disput über Wissen*, Nr. 26, Herbst 2011, S. 29-33, auf S. 32.

[30] Hans-Jörg Rheinberger: *Historische Epistemologie zur Einführung*, Hamburg: Junius 2007, Einleitung; zur historischen Ontologie vgl. Ian Hacking: *Historical Ontology*, Cambridge MA: Harvard University Press 2004.

Manchmal sind es verzweigte und verzwackte Geschichten, sie sind von unterschiedlicher Dauer, sie sind von unterschiedlicher Durchschlagskraft, und zuweilen können die ihnen entsprechenden Gegenstände epistemischen Intesesses auch wieder verschwinden.[31] Die historische Entwicklung von Disziplinen, auf die ich verwiesen habe, ist ja selbst letztlich nichts weiter als der organisatorische und institutionelle Ausdruck der grundlegenden Dynamik eben genau dieser wissenschaftlichen *Objekte*. Es ist also entscheidend, sich der Geschichtlichkeit und damit auch der kulturellen, technischen und sozialen Vermitteltheit der *Gegenstände* bewusst zu werden, die unsere wissenschaftliche Welt bevölkern – und eben nicht nur der Theorien und Begriffe oder abstrakter methodologischer Prinzipien wie *Verstehen* und *Erklären*. Wenn ich es richtig sehe, hat der ideengeschichtliche, allem Konkret-Praktischen enthobene und von der Welt der Dinge absehende Blick auf die Wissenschaften einen nicht unwesentlichen Anteil an dem kulturgereinigten Bild, das nicht zuletzt die Wissenschaften selbst lange vor sich hergetragen haben. Die Wissenschaftsgeschichte, als deren Vertreter ich heute zu Ihnen spreche, hat genau hier ihre genuine Aufgabe. Die Aufgabe heißt, die Wissenschaften insgesamt, einschließlich der Naturwissenschaften, als Kulturtechniken in den Blick zu nehmen.[32]

Natur, Kultur

Was ist Kultur? Der Begriff hat einen weiten Horizont. In neuerer Zeit ist er dazu verwendet worden, um von Menschen Gemachtes dem nicht von Menschen Gemachten, der Natur also, gegenüberzustellen. Sehen wir uns exemplarisch einige der Positionen etwas näher an, die sich seit dem frühen 20. Jahrhundert mit dieser Dichotomie auseinan-

---

[31] Lorraine Daston (Hg.): *Biographies of Scientific Objects*, Chicago: The University of Chicago Press 2000.

[32] Zum Begriff der Kulturtechniken vgl. Bernhard Siegert: *Kulturtechnik*, in: *Einführung in die Kulturwissenschaft*, hg. v. Harun Maye und Leander Scholz, München: Fink 2011, S. 95-118.

dergesetzt haben. Der Kultursoziologe Karl Mannheim, der sich 1925
bei Alfred Weber in Heidelberg habilitierte, wo er bereits während der
Kriegsjahre einen Studienaufenthalt absolviert hatte, hat diesen Un-
terschied selbst als einen historisch gewordenen dargestellt und in
ihm geradezu den Inbegriff des Kulturverständnisses der Moderne er-
blickt. Für uns Moderne, so Mannheim in einer posthum herausgege-
benen Schrift aus dem Jahr 1922 über die „Eigenart kultursoziologischer Erkenntnis", sind „Sein und Sinn, Wirklichkeit und Wert für das
Erleben auseinandergegangen"; erst dadurch ist aber „eine Bestim-
mung der Kultur als Nicht-Natur wirklich konkret und innerlich kon-
sequent geworden". Als Kultur wird vom modernen Menschen Mannheim zufolge das betrachtet, was als in einem „geistig-historischen
Werdegang" befindlich begriffen wird.[33] Zu einem solchen Kulturbegriff konnte es erst kommen, als der Wandel in der Entwicklung der je
besonderen Kulturbereiche im Leben des Einzelnen selbst zu einer
erfahrbaren Tatsache wurde und damit „nicht das Übergeschichtliche
als vielmehr das Geschichtliche das erlebnismäßige Substrat" wurde.
„Nicht das andauernd Identische im Wechsel, sondern der *Wechsel
selbst wird zum Selbstwert gemacht*," das heißt: „Das Kultursein der
Gebilde wird mit ihrem primären Sein miterlebt."[34] Für Mannheim ist
es also der gesellschaftliche Entwicklungsprozess selbst, die „Kultur-
basis",[35] wie er es nennt, die eine begriffliche Differenzierung aus
sich hervortreibt, die ihrerseits ein Phänomen fassbar zu machen er-
laubt, das es als historisches allererst zu verstehen gilt.

Über ein halbes Jahrhundert später hat Latour diese Unterscheidung ebenfalls als das Grundmerkmal der Verfassung der Moderne
identifiziert. Es klingt wie ein nahes Echo auf Mannheims Diagnose,
wenn wir lesen: „Irgendwo in unseren Gesellschaften, und nur in unseren, ist eine unglaubliche Transzendenz aufgetreten: die Natur als

---

[33]   Karl Mannheim: *Über die Eigenart kultursoziologischer Erkenntnis*, in:
       Strukturen des Denkens, Frankfurt am Main: Suhrkamp 1980, S. 33-154,
       auf S. 48.
[34]   Ebd., S. 43, S. 48.
[35]   Ebd., S. 54.

solche, a-human, manchmal inhuman, immer außer-human."[36] Latour
hat aber gleichzeitig darauf hingewiesen, dass die angestrebte Trennung von Natur und Kultur den Modernen eigentlich nie gelang. Das
Selbstverständnis der modernen Welt sei zwar geprägt von dieser
Trennungsarbeit, die moderne Welt habe aber immer schon gleichzeitig diese Reinigungsarbeit selbst unterlaufen durch das Ingangsetzen
einer Proliferation von Hybriden, von Mischwesen aus Natur und
Kultur. Spätestens heute müssten wir diese zur Kenntnis und zum An-
lass nehmen, uns bewusst zu werden, dass wir in diesem Sinne nie
modern gewesen sind – so der Titel des zitierten Buches von Latour.
Sein jüngstes zugespitztes Urteil lautet: „Außerdem hat sich der Kulturbegriff selbst – zusammen mit dem Begriff der Natur – aus dem
Staub gemacht. Wir sind postnatürlich – das stimmt; aber auch post-
kulturell."[37]

Aber bleiben wir noch einen Augenblick bei Mannheim. Seiner
„soziogenetischen Betrachtung" liegt die Idee historischer „Konstel-
lationen" zugrunde.[38] Zur Konstellation der Moderne gehört nun wesentlich auch, dass sich ein Naturbegriff herausbildet, der mit dem so
charakterisierten Kulturbegriff korreliert. Mannheim formuliert das
wie folgt: „Die Natur, die den Gegensatz zur modernen ‚Kultur', ihr
Korrelat, ausmacht, ist etwas, das als völlig sinnfrei, wertfrei, nur als
Substrat möglichen Sinnes gedacht wird. Sie enthält geradezu die Ge-
samtheit aller jener Bestimmungen, die dem Kulturellen nicht zu-
kommen. Natur ist so das vom Geistigen Undurchdringbare, Wertin-
differente, dem geistig-historischen Werdegang nicht Unterworfene."[39]
Diesen beiden aus der gesellschaftlichen Erfahrung erwachsenden
Begriffen, wobei der Kulturbegriff den Naturbegriff im Gefolge hat
und nicht umgekehrt, entspricht dann auch eine Differenzierung im
Bereich der Wissenschaften: „Die wesentlich methodologisch orien-

---

[36]　Latour: *modern*, Anm. 28, S. 133.
[37]　Bruno Latour: *Warten auf Gaia. Komposition der gemeinsamen Welt
　　　durch Kunst und Politik* in: *Wissenschaft und Demokratie*, hg. v. Michael
　　　Hagner, Berlin: Suhrkamp 2012, S. 163-188, auf S. 185.
[38]　Mannheim: *Eigenart*, Anm. 32, S. 106-107.
[39]　Ebd., S. 49.

tierte Unterscheidung endlich von Kulturwissenschaft und Naturwissenschaft ist erst sekundär gegenüber dem erlebnismäßigen Gegensatz von Natur und Kultur, um den es sich hier handelt."[40]

Was versteht Mannheim in diesem Zusammenhang unter der „wesentlich methodologischen Orientierung" des Gegensatzes auf der Ebene der Wissenschaften? Für Mannheim stand noch fest, dass nur die Erkenntnis, die sich auf das bezog, was er die „historisch-kulturelle Wirklichkeit" nannte, als das Produkt ihres kulturellen Standorts anzusehen sei. Die naturwissenschaftliche Erkenntnis hingegen war „nur soweit an ihre eigene Geschichte gebunden, als die spätere Erkenntnis alle jene Ergebnisse, die vorangegangen sind, sozusagen als notwendige Prämissen voraussetzt".[41] Es ist interessant zu beobachten, dass Mannheim zwar die Gegenstandskonstitution von Kultur und Natur als historisch gewachsene begreift, also einer historischen Ontologie das Wort redet, um es mit Hacking zu sagen, aber die Entkulturalisierung und die Enthistorisierung der Natur unversehens auch auf den methodischen Zugriff auf Natur übergreifen lässt: „Die Naturwissenschaften haben in der Tat mit Ausnahme der technischen Einstellung völlig die Einstellung aufgegeben, die das alltägliche Leben zu den Naturdingen hat; dies ist aber den zu verstehenden Kulturgebilden gegenüber eine Unmöglichkeit."[42] Das heißt aber, „dass der Gang und die Entwicklung bei allen diesen Wissenschaften ein ganz anderer ist".[43] Wir werden auf das so bezeichnete Dilemma – die Diagnose der bekannten Kluft – im Weiteren wiederholt zurückkommen.

Wir erleben in diesem frühen Text einen Mannheim, der Partei ergreift für das involvierte Subjekt der Kulturwissenschaften gegen das abstrahierte Subjekt der Naturwissenschaften. Klar ist für ihn, dass für die „Methodologie" – womit die Erkenntnistheorie bzw. Epistemologie gemeint ist –, die lange Zeit eingestellt war „auf die Erforschung des wissenschaftlichen Denkens" (die Naturwissenschaften also), „das Problem der übrigen verdeckten Erkenntnisarten in dem

---

[40]   Ebd., S. 49.
[41]   Ebd., S. 110-111.
[42]   Ebd., S. 83.
[43]   Ebd., S. 111.

Gegensatze der *Natur- und der Geschichtswissenschaften* unabweisbar" wird. Und er fügt enigmatisch hinzu: „Wir glauben in diesem Methodenstreit und Dualismus einen Vorposten einer noch weiterreichenden Differenz der möglichen ‚Denkstile' zu sehen."[44] Was ihm auf den ersten Blick als hoffnungsloser Kulturrelativismus erscheint, ein Erbe des auf die Romantik zurückgehenden Historismus, könnte sich am Ende als ein Zukunftsprojekt erweisen, dessen Dimensionen noch gar nicht abzusehen sind: „Der anfangs alles relativierende Historismus wird durch diese Wendung" – hin zu konkreten Einzeluntersuchungen – „gleichsam hinter unserem Rücken zu einer Geschichtsphilosophie, die aber nicht der einzelne ausdenkt, sondern die in dem historisch-soziologischen Forschen von Generationen entsteht."[45] Den „ersten wesentlichen Schritt in dieser Richtung" getan zu haben, so Mannheim, war die Leistung von Wilhelm Dilthey, den zweiten die von Karl Marx mit seiner „Amalgamierung" „zwischen der deutschen Geistesphilosophie und dem westeuropäischen Positivismus".[46] Eine Lösung war für Mannheim nicht in Sicht. Er plädierte aber dafür, „dass man diesen vorgezeichneten Weg ganz und gar zu Ende geht" in der Zuversicht, „dass die Sache sich am Ende von selbst transzendiert".[47]

Die Naturwissenschaften ließ Mannheim dabei weitgehend unbeleuchtet. Er hat sich wohl auch nicht so intensiv mit ihnen auseinandergesetzt. Man könnte fast sagen, sie blieben mit ihrer Erkenntnisweise

---

[44] Karl Mannheim: *Eine soziologische Theorie der Kultur und ihrer Erkennbarkeit*, in: *Strukturen des Denkens*, Frankfurt am Main: Suhrkamp 1980, S. 155-322, auf S. 176. Mannheim verwendet den Begriff des Denkstils hier in Anführungszeichen, ohne jedoch auf eine Herkunft zu verweisen. Wissenschaftshistorisch prominent geworden ist der Begriff in der Rezeption seiner Verwendung durch Ludwik Fleck. Vgl. Ludwik Fleck: *Entstehung und Entwicklung einer wissenschaftlichen Tatsache* (1935), Frankfurt am Main: Suhrkamp 1980; vgl. dazu auch Thomas Jung: *Die Seinsgebundenheit des Denkens. Karl Mannheim und die Grundlegung einer Denksoziologie*, Bielefeld: transcript 2007, bes. Kap. 5.

[45] Mannheim: *Eigenart*, Anm. 32, S. 189.

[46] Ebd., S. 190, 192.

[47] Ebd., S. 189.

bei ihm selbst auf die Seite der Natur gestellt. Hier ist Mannheims äl-
terer Zeitgenosse Ernst Cassirer bereits einen entscheidenden Schritt
weiter gegangen.[48] Er war der Meinung, dass es die Naturwissenschaften seiner Zeit selbst waren, die den Kulturwissenschaften unerwartete Zuarbeit leisteten. Für ihn waren die Kulturwissenschaften
so lange in einer nicht beneidenswerten Position gewesen, als die
„mechanische Weltsicht" der Naturwissenschaften unangetastet blieb.
„Aber hier", meinte er, „vollzog sich nun jene merkwürdige Entwicklung, die zu einer inneren Krise und schließlich zu einer ‚Revolution
der Denkart' im Gebiet der naturwissenschaftlichen Erkenntnis selbst
hingeführt hat."[49] Cassirer erblickte diese Revolution im Herzen des
naturwissenschaftlichen Denkens vor allem in der Rehabilitation der
Begriffe von Ganzheit und Struktur. Er sah darin allerdings keineswegs einen Freibrief, die Grenzen zwischen den Naturwissenschaften
und den Geisteswissenschaften beliebig zu überschreiten, geschweige
denn sie für erledigt zu erklären. Aber die Geisteswissenschaften
konnten sich nun umso „freier und unbefangener als zuvor in das Studium *ihrer* Formen, *ihrer* Strukturen und Gestalten versenken, seit
auch die anderen Wissensgebiete auf ihre eigentümlichen Formprob-
leme aufmerksam geworden sind".[50] Die Naturwissenschaften ihrerseits, so Cassirer, hatten sich von nun an dem Problem ihrer eigenen
Geschichtlichkeit und kulturellen Vermitteltheit unabweisbar zu stellen.

Cassirers Diagnose aus den frühen 1940er Jahren fand ihre Bestä-
tigung nicht zuletzt in zwei Bewegungen, die um die Mitte des
20. Jahrhunderts Substanz und Relevanz gewannen, und die unter den
Etiketten von Strukturalismus und Kybernetik bekannt geworden
sind. Beide verstanden sich als Struktur- bzw. Systemwissenschaf-
ten – wobei der Strukturalismus mehr in den Geisteswissenschaften,
die Kybernetik mehr in den Naturwissenschaften verankert war. Für
beide spielten in den Bereichen, die sie überstrichen, die Fächergren-

---

[48] Vgl. dazu Hans-Jörg Rheinberger: *Heidegger and Cassirer on Science
      after the Cassirer and Heidegger of Davos* (im Druck).
[49] Ernst Cassirer: *Zur Logik der Kulturwissenschaften: fünf Studien* (1942),
      Darmstadt: Wissenschaftliche Buchgesellschaft 1994, S. 91.
[50] Ebd., S. 96.

zen keine entscheidende Rolle mehr. In dem damit einhergehenden transdisziplinären Selbstverständnis verlor auch die Unterscheidung zwischen den Geistes- und den Naturwissenschaften an Dringlichkeit. Die Fragen nach Kausalität und Hermeneutik und der Entscheidung zwischen beiden stellten sich nicht mehr in der Zuspitzung, wie sie ein halbes Jahrhundert zuvor stattgefunden hatte und noch das Denken etwa von Mannheim nachhaltig prägte und verfolgte. Eine umfassende Geschichte dieser Bewegungen ist bis heute nicht geschrieben.[51] Um aber auf die Molekularbiologie zurückzukommen, so ist leicht zu sehen, dass sie sich im Fadenkreuz beider Bewegungen formierte.

Felder

So ist es denn auch nicht weiter verwunderlich, wenn bei einem Autor, der für die Kulturwissenschaften der Jahrzehnte um 1960 und 1970 steht, der Ethnologe und Soziologe Pierre Bourdieu, sich die Frage nach den zwei oder mehr Kulturen der Wissenschaft in der traditionellen Form als nicht mehr relevant erweist. Es geht nur noch um Wissenschaft oder Nichtwissenschaft. In diesen Termen spielten sich die Debatten der 1960er Jahre ab. Bestehen blieb das Dilemma in der folgenden Form: Wie kann eine als historisch bedingt erkannte Wissenschaft sich über diese historische Bedingheit hinwegsetzen und Generalisierungen mit einem überhistorischen Anspruch hervorbringen? In seinen späten Meditationen hat Bourdieu den so formulierten Zwiespalt als das „Doppelgesicht" der wissenschaftlichen Erkenntnis bezeichnet und in folgende Form gebracht: „Wenn eine realistische Geschichtsauffassung es sich versagen muss, in fiktiver Weise die unpassierbaren Grenzen der Geschichte zu übersteigen, dann wird sie untersuchen, wie und unter welchen historischen Bedingungen sich

---

[51]   Vgl. aber Michael Hagner und Erich Hörl (Hg.): *Die Transformation des Humanen. Beiträge zur Kulturgeschichte der Kybernetik*, Frankfurt am Main: Suhrkamp 2008; Andrew Pickering: *The Cybernetic Brain*, Chicago: The University of Chicago Press 2011.

der Geschichte Wahrheiten abringen lassen, die nicht auf die Geschichte reduzierbar sind. Man muss zugeben, dass die Erkenntnis nicht vom Himmel gefallen ist wie ein mysteriöses Geschenk, das unerklärbar bleiben muss, dass sie also durch und durch historisch ist; aber man ist keinesfalls gezwungen, wie es für gewöhnlich geschieht, daraus zu schließen, dass sie auf die Geschichte reduzierbar sei. In der Geschichte und in ihr allein ist nach dem Prinzip jener relativen Unabhängigkeit der Erkenntnis von der Geschichte zu suchen, deren Produkt sie ist; oder genauer, in der wesentlich historischen, aber ganz besonderen Logik, aufgrund derer sich jene Ausnahmeräume gebildet haben, in denen sich die besondere Geschichte der Erkenntnis abspielt."[52] Man sieht hier: Die Frage, ob es sich um Naturwissenschaften oder um Kulturwissenschaften der traditionellen Einteilung nach handelt, hat sich erübrigt.

Bourdieu führt dann konsequenter Weise auch ein anderes Vokabular ein. Er spricht nicht mehr von Fächern oder Disziplinen, sondern von „Feldern", genauer: von „Wissensfeldern".[53] Das heißt aber nicht etwa, dass alle Grenzen verschwunden wären: „Mit Saussure zu sagen, dass ‚der Standpunkt den Gegenstand bestimmt', heißt, dass ein und dieselbe ‚Wirklichkeit' zum Gegenstand einer Vielzahl von gesellschaftlich anerkannten, aber teils nicht aufeinander reduzierbaren Repräsentationen werden kann." Und er fügt hinzu: „Wie intensiv auch die Sehnsucht nach einer Vereinigung sein mag, es gilt zweifellos mit Wittgenstein darauf zu verzichten, nach so etwas wie einer Sprache aller Sprachen zu suchen."[54] Den historischen Wissenschaften insbesondere schreibt er die Aufgabe zu, „nicht aus der Vernunft heraus, sondern, wenn man so sagen kann, aus der Geschichte heraus, *aus der historischen Vernunft heraus*, die Notwendigkeit oder die recht eigentlich historische Daseinsberechtigung jener getrennten (und privilegierten) Mikrokosmen zu begründen, in denen Aussagen über die Welt erarbeitet werden, die eine universale Geltung bean-

---

[52] Pierre Bourdieu: *Méditations pascaliennes*, Paris: Seuil 1997, S. 130-131.

[53] Ebd., S. 22.

[54] Ebd., S. 119.

spruchen."[55] Bourdieu redet also einer Fragmentierung das Wort, die
ihre Rechtfertigung sowohl aus den historischen Bedingungen der
Formierung dieser Enklaven als auch über die in ihnen erzeugbaren
Aussagen über die Welt zieht. Es sind kleine Universen, in denen die
„sozialen Zwänge" die Form „logischer Zwänge" angenommen haben – und die „logischen Zwänge" zu „sozialen Zwängen" geworden
sind.[56] Die Felder des Wissens unterscheiden sich in ihrer generischen
Form nicht von anderen kulturellen Feldern, in ihrer speziellen Form
aber sind sie charakterisiert durch epistemische Autonomie, also den
„Nachweis der Kohärenz" und das "Verdikt des Experiments":[57]
„Wenn es eine Wahrheit gibt, dann die, dass die Wahrheit umstritten
ist, und zwar im Feld der Wissenschaft selbst. Aber die Kämpfe, die
sich hier abspielen, haben ihre eigene Logik, die sie den endlosen Spie-
gelfechtereien eines radikalen Perspektivismus enthebt."[58] Es hört sich
wie eine Antwort auf Mannheim und zugleich als die Einlösung seiner historistischen Hoffnungen an, wenn Bourdieu resümiert: „Und so
könnten paradoxerweise die Sozialwissenschaften, die, obwohl sie einer irrationalistischen Denunzierung der Wissenschaft unter der Mas-
ke einer Denunzierung von Szientismus und Positivismus ihre besten
Waffen zu liefern scheinen, ohne wenn und aber von radikaler Historizität ausgehend und durchtränkt von der Erfahrung einer permanenten
Historisierung, zum sichersten Stützpfeiler eines historizistischen Rationalismus oder eines rationalistischen Historizismus werden."[59]

Bezirke

In dem Bemühen, „eine realistische Kenntnis der *cité scientifique* zu
befördern" und diese Kenntnis entschieden historisch zu markieren,[60]
spinnt Bourdieu nicht nur einen Faden weiter, den der Kultursoziolo-

---

55 Ebd., S. 128.
56 Ebd., S. 131.
57 Ebd., S. 133.
58 Ebd., S. 140.
59 Ebd., S. 145.
60 Ebd., S. 144.

ge Mannheim – mit dessen Werk Bourdieu vertraut war – aufgenom-
men hatte, sondern trifft sich auch mit dem historischen Epistemologen Gaston Bachelard, einem seiner Lehrer an der Sorbonne, auch
wenn Bourdieus Denken stärker von der Soziologie und Ethnologie,
Bachelards Denken hingegen stärker von den Naturwissenschaften
geprägt ist. Bachelard forderte in diesem Zusammenhang von der historischen Epistemologie, um auf der Höhe ihrer Zeit zu agieren, den
Befund ernst zu nehmen, dass die Dynamik der modernen Erkennt-
nisgewinnung auf einer sehr beweglichen Regionalisierung beruht.
Dieser Gedanke ist bereits in seiner *Philosophie des Nein* angelegt,[61]
er hat ihn aber vor allem in seinem epistemologischen Spätwerk der
Jahre um 1950 näher ausgeführt. Die modernen Wissenschaften bilden
Bachelard zufolge „regionale Rationalismen" aus, die geradezu zu
„Kernen der Apodiktizität" kondensieren können.[62] Sie sind jedoch in
eben dieser Unbedingtheit sowohl zeitlich als auch räumlich begrenzt.
Als Epistemologe darf man nicht vor dem Versuch zurückschrecken,
das je besondere Spiel ihrer Regeln von innen zu erfassen. Nichts anderes hatte übrigens auch Cassirer in seinem Spätwerk gefordert.[63] Im
Grenzfall erfordert jeder dieser Kerne seine eigene Epistemologie.
Bachelard spricht in dieser Hinsicht von einer „philosophie dispersé",
einer verteilten oder auch „differentiellen" Epistemologie.[64] Um es
mit seinen eigenen Worten auszudrücken: „Wir müssen einen Rationalismus anstreben, der konkret ist und auf der Höhe der Präzision
der in Frage stehenden Experimente. Ebenso ist es notwendig, daß
unser Rationalismus *offen* genug ist, um vom Experiment her neue
Bestimmungen zu erfahren."[65] Die Rationalität wandert gewissermaßen in das experimentelle Verfahren ein, das seinerseits durch seinen

---

[61] Gaston Bachelard: *Die Philosophie des Nein* (1940), Wiesbaden: Hey-
      mann 1978.
[62] Gaston Bachelard: *Le rationalisme appliqué*, Paris: Presses Universi-
      taires de France 1949, S. 132.
[63] Ernst Cassirer: *Das Erkenntnisproblem in der Philosophie und Wissen-
      schaft der neueren Zeit. Von Hegels Tod bis zur Gegenwart (1832-1932)*
      (1950), Hamburg: Felix Meiner 2000.
[64] Bachelard: *Philosophie des Nein*, Anm. 61, S. 28.
[65] Bachelard: *rationalisme*, Anm. 60, S. 4.

Gegenstand ebenso sehr veranlasst ist, wie es ihn phänomentechnisch konstituiert. Eine Epistemologie, welche das wissenschaftliche Denken in seiner tatsächlichen Dynamik erfassen will, muss sich demnach als ebenso plastisch, mobil, flüssig und riskant begreifen wie das wissenschaftliche Denken und Tun selbst, das sie zu verstehen sucht.

Bachelard spricht in diesem Zusammenhang gelegentlich auch von „Kantonen" in einer „Stadt des Wissens", zum Beispiel vom „relativistischen Kanton" in der Stadt der Mechanik.[66] Derartige „Stadtviertel" oder Bezirke – Martin Heidegger hat das Phänomen etwa gleichzeitig unter dem Begriff des „offenen Bezirks" gefasst[67] – stellen so etwas wie Inseln wissenschaftlicher Kultur mit ihren eigenen Codierungen, Semantiken und Formen der Emergenz dar. Bachelard selbst hat für diese Enklaven den Begriff der „Kultur" verwendet, und zwar in einem sehr spezifischen inhaltlichen Sinne. Für ihn ist Kultur generell definiert als ein „Zugang zu einer Emergenz" – „une accession à une émergence". Wissenschaftliche Kulturen sind „effektiv sozial konstituierte Emergenzen":[68] „In der Reflexion erst treten die wirklichen Garantien der Objektivität in Erscheinung. Aber diese Reflexion kann sich nicht auf die Anstrengung eines Subjekts beschränken. Sie ist wesentlich *kulturell*. Vor dem wissenschaftlichen Objekt ist der Mensch nicht mehr *allein*. Man kultiviert sich nicht allein. Man kultiviert sich nicht *mehr* allein. Die Kultur stellt ein anderes Problem als die *Erkenntnis*. Die Kultur verkörpert zugleich eine Geschichtlichkeit, die nicht die Geschichtlichkeit des Subjekts ist, und eine Berichtigung der Erkenntnisgeschichtlichkeit des Subjekts. Die Kultur normalisiert ihre eigene Geschichte."[69]

Solche Wissenschaftskulturen sind Milieus, in denen auf dieser geteilten – den Wissenschaften gemeinsamen, aber je besonderten – Basis neues Wissen zum Vorschein gebracht wird, in denen sich un-

---

[66] Ebd., S. 132-133.
[67] Martin Heidegger: *Die Zeit des Weltbildes*, in: *Holzwege* (1950). Gesamtausgabe, Bd. 5, Frankfurt am Main: Vittorio Klostermann 1977, S. 75-113, S. 79.
[68] Bachelard: *rationalisme*, Anm. 60, S. 133.
[69] Ebd., S. 137.

vorwegnehmbare Dinge ereignen können. Es sind somit Kontexte be-
ständiger Neuerung. Wenn aus der Sicht Bachelards der künstlerische
Akt der Neuschöpfung stärker individuell geprägt bleibt, so sind im
Gegensatz dazu in den Wissenschaften diese Emergenzen grundsätzlich kollektiv verfasst. Das heißt, sie nehmen die Form von Kulturen
im Sinne wissenschaftlicher Gemeinschaften an, die sich in je besonderer Form mit den Gegenständen ihres Interesses auseinandersetzen.
Diese Kulturen ermöglichen das Spiel der Ersetzung von Phänomenen, Methoden und Kategorien, und sie halten es durch ihre Aktivität
am Laufen. Je enger ein Gebiet definiert ist, umso leichter lassen sich
Konventionen, Messungen, Beschreibungen und Klassifikationen mo-
difizieren oder verändern, gegebenenfalls aber auch auf andere Bereiche der Forschung übertragen. Regionalisierung schafft epistemische
Flexibilität sowohl in synchroner als auch in diachroner Perspektive.
Bachelard sah in der Fragmentierung des zeitgenössischen Wissen-
schaftsbetriebes weder einen beklagenswerten Verlust des synthetischen Blicks noch ein Kommunikationshindernis, sondern vielmehr
die *Voraussetzung* der immensen Fruchtbarkeit der modernen Wissenschaften. Was hier aufscheint, ist die Idee einer Art von grundle-
gender Patchwork-Perspektive auf den Gang der Entwicklung des
Wissens in den Wissenschaften, die sich von allen Groß-Einteilungen
abkehrt, die sich auf *a priori* festlegbare Erkenntnisweisen oder *a priori* festgelegte Erkenntnisgegenstände gründen.

Die Entwicklung der Wissenschaften lebt von der Ausbildung dieser regionalen Rationalismen. „Wenn man den Rationalismus einmal
fragmentiert hat, um ihn der Materie anzumessen, der er Form gibt,
den Phänomenen, die er regelt, der Phänomenotechnik, die er be-
gründet, dann stellt sich natürlich das philosophische Problem des
Verhältnisses eines allgemeinen Rationalismus zu den diversen regionalen Rationalismen."[70] Die Lösung des kleinsten gemeinsamen, re-
duktiven Nenners verwirft Bachelard zugunsten eines „integrierenden
Rationalismus".[71] Hier durch Reduktion zu generalisieren, würde, so
der nie um Metaphern verlegene Bachelard, zwar zu einem „unzer-

[70] Ebd., S. 131.
[71] Ebd., S. 132.

störbaren Kern" führen, aber einem „Kern ohne Karyokinese, einem proliferationsunfähigen Kern".[72] Die Wissenschaften machen die Welt nicht einfach, sie erschließen vielmehr ihre Komplexität. Das wissenschaftliche Wissen gewinnt seine besondere Historizität durch einen diversifizierenden Bruch mit der Alltagserfahrung, nicht durch deren Kodifizierung. „Nur duch eine Derealisierung der alltäglichen Erfahrung gelangt man zu einem Realismus der wissenschaftlichen Technik."[73] Um bei einem schönen Beispiel Bachelards zu bleiben, das in seiner technischen Realisation allerdings wiederum ganz in die Alltagswelt eingegangen ist: Die Nähmaschine wurde erst möglich, als man damit aufhörte, die Geste der Näherin nachzuahmen.[74] Damit schließt Bachelard an seine früheren Ausführungen zum „epistemologischen Bruch" an und gibt ihnen zugleich eine größere historische Dimension.[75]

Kulturen des Wissens

Es ist eines der Kennzeichen der Wissenschaftsgeschichte, der Wissenschaftsethnologie und der *science and technology studies* der letzten Jahrzehnte, dass sie – in der Regel ohne auf Bachelard zu rekurrieren – den Begriff der Kultur bzw. seinen Plural, der Kulturen, im Rahmen ihrer Charakterisierung der Arbeit der Naturwissenschaften aufgegriffen haben. Als Beispiele seien nur genannt: Andrew Pickerings Sammelband *Science as Practice and Culture*,[76] Karin Knorr Cetinas Studien über das CERN in Genf und ein molekularbiolo-

---

[72] Ebd., S. 132.
[73] Ebd., S. 137.
[74] Ebd., S. 134.
[75] Gaston Bachelard: *Die Bildung des wissenschaftlichen Geistes. Beitrag zu einer Psychoanalyse der objektiven Erkenntnis* (1938), Frankfurt am Main: Suhrkamp 1978, bes. Kap. 1.
[76] Andrew Pickering (Hg.): *Science as Practice and Culture*, Chicago: University of Chicago Press 1992.

gisches Labor unter dem Titel der *Wissenskulturen*[77] oder der von
Moritz Epple und Claus Zittel edierte Band *Science as Cultural
Practice*.[78] In der gegenwärtigen Auseinandersetzung um ein adäqua-
tes Wissenschaftsverständnis transportiert diese Wortwahl etwas von
der Anstrengung und dem Versuch, die Wissenschaften und das Wissen von der Natur nicht einfach auf der Seite der Natur zu verorten,
was ja in bestimmten Expertendiskursen gerne und bis heute geschieht. Dagegen versuchen die hier angedeuteten Positionen gerade
auch die Naturwissenschaften und das wissenschaftliche Wissen von
der Natur selbst als Kulturphänomene in ihrer historischen Bedingt-
heit auszuweisen und sie damit ein Stück weit auf die Seite zu ziehen,
auf der sich die Geisteswissenschaften immer schon befunden haben.
Man kann dies als die notwendige Bedingung dafür betrachten, so etwas wie die Vision der Einheit der Wissenschaften in ihrer irreduzib-
len Pluralität zu schaffen. Man muss dabei keineswegs so weit gehen
wie Jürgen Mittelstraß und postulieren, dass eigentlich alle Wissenschaften Geisteswissenschaften seien.[79]

Fruchtbarer scheint es, der Betonung auf das Mundane zu folgen,
das für die neueren Wissenschaftsstudien eigentümlich ist, seien sie
der Schwerpunktsetzung nach eher historischer, soziologischer oder
ethnologischer Natur. Wenn ich es richtig sehe, sind es fünf Aspekte
in der Charakterisierung der Wissenschaften, die hier zum Tragen
kommen. Der erste firmiert unter dem Etikett der „Praxiswende". Dabei geht es zum einen darum, dem Arbeitsprozess der Wissenschaften
und den Bedingungen, unter denen dieser sich artikuliert, gebührende
Aufmerksamkeit zu schenken und zu zeigen, dass es gerade seine
kreativen Rekonfigurationen sind, die die Schaffung von neuem Wis-

---

[77] Karin Knorr Cetina: *Wissenskulturen. Ein Vergleich naturwissenschaftlicher Wissensformen*, Frankfurt am Main: Suhrkamp 2002.

[78] Moritz Epple und Claus Zittel (Hg.): *Science as Cultural Practice*. Volume I: *Cultures and Politics of Research from the Early Modern Period to
the Age of Extremes*, Berlin: Akademie Verlag 2010.

[79] Jürgen Mittelstraß: *Zwischen Geist und Natur. Die Stellung der Geisteswissenschaften im System der Wissenschaft und ihre Aufgaben in der
modernen Welt*, in: *Conceptus. Zeitschrift für Philosophie* 35 (2002/03),
S. 109-126.

sen bedingen. Zum anderen geht es darum, dass der Wissenschafts-
prozess auch in seinen avancierten Formen begleitet bleibt von arti-
sanalem, letztlich implizitem und „stummem" Wissen, wie es Michael
Polayni einmal bezeichnet hat.[80] Der zweite Aspekt bezieht sich di-
rekt auf die Verwendung des Begriffs Kultur in diesem Zusammenhang. Es ist ein Sammelbegriff, der über die Auffassung hinaus, dass
es sich bei den Wissenschaften generell um einen sozialen, kollektiv
verfassten Prozess handelt, auch beinhaltet, dass der Umgang mit
Materien, ihre Kultivierung, die Dinglichkeit, die andere unverzicht-
bare Seite des Vorgangs bildet. Der dritte Aspekt bezieht sich auf die
Verwendung des Plurals „Kulturen". Der Begriff ist hier durchaus als
Kampfbegriff gemeint. Die Rede von den zwei Kulturen wird durch
diese Pluralisierung gezielt unterlaufen. Es geht nicht mehr darum,
die Wissenschaften in eine eigentliche, harte, tonangebende Kultur
und eine uneigentliche, weiche, nicht so wichtige Kultur aufzuteilen,
sondern darauf zu verweisen, dass es gerade auch im Bereich der
Wissenschaften von der Natur eine nicht reduzierbare Pluralität von
Gegenständen und Verfahrensweisen gibt, die DIE Wissenschaft von
innen her aufbrechen und gleichzeitig zur Ausbildung von interkultu-
rellen Zonen führen, in denen neue Mischformen des Verstehens aus-
probiert werden, die ihrerseits wieder zu produktiven Differenzierungen oder Amalgamierungen führen können.[81] Die hier verhandelten
Objekte können nach einem Vorschlag von Susan Leigh Star und
James Griesemer als „Grenzobjekte" (*boundary objects*) bezeichnet
werden.[82] Viertens ist es ein Merkmal von Wissenschaftskulturen,

---

[80] Michael Polanyi: *Implizites Wissen* (1966), Frankfurt am Main: Suhr-
      kamp 1985.
[81] Vgl. z.B. John Dupré: *The Disorder of Things. Metaphysical Founda-
      tions of the Disunity of Science*, Cambridge MA: Harvard University
      Press 1993; Peter Galison und David J. Stump (Hg.): *The Disunity of
      Science. Boundaries, Contexts, and Power*, Stanford: Stanford University
      Press 1996.
[82] Susan L. Star und James R. Griesemer: *Institutional ecology, ,transla-
      tions' and boundary objects: Amateurs and professionals in Berkeley's
      Museum of Vertebrate Zoology*, 1907-1939, in: *Social Studies of Science*
      19 (1989), 387-420.

dass sie nicht nur dem historischen Wandel unterliegen, sondern ihn als Zugänge zu einer Emergenz, um noch einmal auf Bachelard zurückzukommen, auch ermöglichen und provozieren. Das Historische ist so, im Sinne einer immanenten Transzendenz, im Innersten von Wissenschaftskulturen am Werk. Fünftes schließlich soll der Begriff der Kultur in seiner Anwendung auf die Wissenschaften auch die Perspektive eröffnen, die Wissenschaften als spezielle Wissenskulturen mit anderen Wissenskulturen in Beziehung zu setzen, wie etwa den Kulturen des Technischen und den Kulturen der Künste. Eine wohlwollende Interpretation von Latours Idee einer symmetrischen Anthropologie der Wissenschaften ließe sich vielleicht auf diese Weise zusammenfassen.

Mit welcher Variante einer historischen Epistemologie man es auch halten will, man muss in jedem Fall nicht nur die Disziplinenfrage in ihren unterschiedlichen Aspekten stellen, man muss auch die Frage nach der Konstitution und der Veränderlichkeit ihrer Gegenstände stellen. Ebenso muss man in eine nähere Auseinandersetzung über die Verwendung des Kulturbegriffs zur Charakterisierung der Wissenschaften und ihrer Entwicklung eintreten. Diese beiden Fragen fallen keineswegs zusammen, sie sind aber auf eine merkwürdige Art und Weise miteinander verknüpft.

Experimentalsysteme, epistemische Dinge, Experimentalkulturen

Was meine eigene Arbeit angeht, so habe ich in *Experimentalsysteme und epistemische Dinge*[83] in diesem Sinne sowohl einen Vorschlag zur Charakterisierung der Konstitution wissenschaftlicher Objekte als auch des epistemischen Raumes gemacht, in dem sie stattfindet. Die Charakterisierung der Formationen, in denen Wissenschaft vonstatten geht, ist über das Jahrhundert hinweg einem Trend vom Makrologischen (Disziplin) über das Mesologische (Feld, Bezirk) zum Mikrolo-

---

[83] Hans-Jörg Rheinberger: *Experimentalsysteme und epistemische Dinge. Eine Geschichte der Proteinsynthese im Reagenzglas*, Göttingen: Wallstein 2001.

gischen (Experimentalsysteme) gefolgt. Gleichzeitig sind die damit einhergehenden Objektformen weniger großformatig und multipler geworden. Meine Behauptung war, dass diese sich wandelnde Wahrnehmung der Einheiten des Wissenschaftlichen einem Trend in der Entwicklung der wissenschaftlichen Praxis selbst gefolgt ist, in der festgefügte Disziplinen ihre Bedeutung zusehends verloren haben. Das System ist reicher an innerer Beweglichkeit geworden. Man könnte auch sagen, dass in dem Maße, wie die Arbeitseinheiten des Erkenntnisgewinnungsvorgangs robuster werden, was ihre technischen Bedingungen angeht, disziplinäre Kodifizierungen an Bedeutung verlieren.

Ich bin bei der Beschreibung des Experimentalprozesses der empirisch orientierten Wissenschaften von Experimentalsystemen als den gewissermaßen kleinsten funktionsfähigen Einheiten modernen experimentellen Arbeitens ausgegangen. Solche Systeme können auf der Ebene einzelner Laboratorien lokalisiert werden. Sie haben genügend Abgrenzungspotential, um von denen, die mit und in ihnen arbeiten, als mehr oder weniger idiosynkratische Aktionseinheiten wahrgenommen zu werden, und genügend Kommunikationspotential, um im Zusammenschluss zu größeren Verbünden über ihre Grenzen hinweg zu wirken. Wir sehen an ihnen mikroskopisch, dass differenzierende Abgrenzung und Transzendenz sich nicht ausschließen, sondern sich gegenseitig bedingen. Wenn auch in der Beschreibung die Experimentalwissenschaften Pate gestanden haben, so glaube ich doch, dass der Begriff des Experimentalsystems über diesen Bereich hinaus fruchtbar zu machen ist.

Innerhalb dieser Systeme formieren sich die Gegenstände der Wissensgewinnung. Ich habe sie epistemische Dinge genannt. An ihnen bildet sich im Forschungsprozess neues Wissen aus. Ihr Hauptcharakteristikum ist das Versprechen, die Aussicht, in ihrer Bearbeitung auf Neues gestoßen zu werden. Michael Polanyi hat das einmal wie folgt auf den Punkt gebracht: „Diese Fähigkeit eines Dings, in Zukunft unerwartete Seiten zu offenbaren, schreibe ich der Tatsache zu, dass das beobachtete Ding einen Aspekt der Wirklichkeit darbietet, welcher eine Bedeutung zukommt, die durch keine unserer Bestimmungen irgend eines ihrer einzelnen Aspekte erschöpft wird. Die beste Versicherung der Realität eines Wissensdinges ist es in diesem Sinne, dass es uns das Gefühl gibt, es sei unabhängig und mächtig genug, sich künftig auf noch ungedachte Weise zu manifestieren."[84] In dieser Charakterisierung stecken implizit eine Reihe von Bestimmungen epistemischer Dinge, die man kurz und bündig wie folgt zusammenfassen kann. Sie sind erstens von einer je spezifisch zu fassenden Materialität. Zweitens kommt ihnen so etwas wie Eigenwilligkeit zu. Drittens leisten sie ihrer begrifflichen Erfassung Widerstand, und viertens müssen sie noch etwas zu wünschen übrig lassen.

Die Verbünde, zu denen sich Experimentalsysteme zusammenschließen, Ensembles miteinander kommunizierender Experimentalsysteme, habe ich als Experimentalkulturen bezeichnet.[85] Drei Bedingungen gelten für solche Gebilde. Zum einen muss es eine gewisse Überlappung der Forschungstechnologien geben, auf denen die Systeme aufgebaut sind und mit denen sie umgehen. In der Regel sind es mehrere Forschungstechnologien, die in ein Experimentalsystem eingehen und ihm in besonderer Kombination seine Charakteristik verleihen. Sie können von einem System zum anderen wandern, es kann also zu einer Pfropfung kommen.[86] Sie können sich aber auch in einer Experimentaltrajektorie ablösen. Bisher kaum untersucht ist in diesem Zusammenhang die Zirkulation von Forschungsmedien zwischen naturwissenschaftsnahen und geisteswissenschaftsnahen Experimentalsystemen. Zum anderen muss zwischen den eine Experimentalkultur bildenden Systemen so etwas wie ein Materiefluss, also ein Austausch von konkreten materiellen Objekten existieren. Im Bereich der Lebenswissenschaften sind es heute oft Modellorganismen oder stan-

---

[84]   Michael Polanyi: *Duke Lecture* (1964), Microfilm, University of California, Berkeley 1965, Library Photographic Service, 4th Lecture, S. 4-5, zitiert in: Marjorie Grene: *The Knower and the Known,* Center for Advanced Research in Phenomenology, Washington DC: University Press of America 1984, S. 219.

[85]   Hans-Jörg Rheinberger: *Kulturen des Experiments*, in: *Berichte zur Wissenschaftsgeschichte* 30 (2007), S. 135-144.

[86]   Vgl. ausführlicher Hans-Jörg Rheinberger: *Pfropfen in Experimentalsystemen*, in: *Impfen, Pfropfen, Transplantieren*, hg. v. Uwe Wirth, Berlin: Kadmos 2011, S. 65-74.

dardisierte molekulare Bestandteile von ihnen, die einen solchen Fluss garantieren. Beide, Forschungstechnologien und Arbeitsmaterialien, stellen zugleich Speicher von reifiziertem Wissen dar. Man kann hier auch von der materiellen Kultur oder Materialkultur eines Forschungsbereichs sprechen. Drittens schließlich ist eine Experimentalkultur ausgezeichnet durch die Zirkulation von Wissenschaftlern, die ihr in einem Experimentalsystem jeweils erworbenes spezifisches *know how* in Nachbarsystemen entweder ergänzen oder es in leicht verändertem Kontexten zu neuen Anwendungen führen. So ergibt sich ein Geflecht von dinglichen und menschlichen Wissensträgerschaften. Experimentalkulturen in diesem Sinne stellen also mehr oder weniger kohärente Arbeitsfelder dar, die lokale Experimentalsysteme vernetzen. Sie stehen somit für ganz andere Formen des Zusammenhangs als das, was uns unter dem viel stärker institutionell und normativ konnotierten Begriff der Disziplin begegnet, und der Fokus auf sie unterläuft damit auch die Disziplinen als historische Analyseeinheiten. Experimentalkulturen sind *epistemologisch* zu definieren durch einen charakteristischen *Zugriff* auf einen Gegenstandsbereich, der dann auch die Objekte bedingt, die überhaupt Gegenstand dieses Zugriffs werden können. Ein gutes Beispiel dafür sind etwa die In-Vitro-Kulturen der Biochemie des 20. Jahrhunderts und die Makromoleküle, die in diesen Systemen erstmals charakterisiert wurden, einschließlich Vitamine, Hormone, Enzyme und Gene als Vererbungsträger.[87]

Es ist kein Zufall, dass ich Wert auf die Notwendigkeit gelegt habe, dass Historiker der Natur- genauso wie der Geisteswissenschaften sich einen *nahen Blick* auf die zeitgenössischen Praktiken der Wissenschaften bewahren. Die seit langem geführte Auseinandersetzung über das Verhältnis zwischen den Naturwissenschaften und den Kultur- sowie Geisteswissenschaften – jedenfalls so wie sie im akademischen und im öffentlichen Raum zumeist stattfindet – leidet oft genug unter dem Problem, dass die jeweils aktuellen Frontverläufe

---

[87] Vgl. eingehender Hans-Jörg Rheinberger: *In Vitro*, in: *UnTot. Existenzen zwischen Leben und Leblosigkeit*, hg. v. Peter Geimer, Berlin: Kadmos 2014, S. 68-79.

der Forschung in ihrer Verschlungenheit gar nicht zur Darstellung kommen. Es gilt aber, den Blick darauf zu richten, dass an vielen aktuellen Forschungsfronten genau jene Grenzen, hinter die man sich gerne zurückziehen möchte, selbst in Auflösung und dafür neue Grenzlinien in Bildung begriffen sind. Solche Rekonfigurationen aus der Nähe zu verfolgen – zum Beispiel auf dem Forschungsfeld der evolutionären Anthropologie, um nur einen aktuellen Bereich zu nennen – und sie sowohl epistemologisch als auch in ihrer historischen Bewegung zu reflektieren, könnte dazu beitragen, ein realistischeres Bild vom zwar hochgradig regionalisierten, aber in ebenso hochbeweglicher Rekombination befindlichen Prozess der wissenschaftlichen Entwicklung über die Zeiten hinweg zu entwerfen. Es könnte helfen, uns herauszuführen aus den oft immer noch so heftig verteidigten traditionellen akademischen Identitäten.

Ausblick

Ernst Cassirers Diagnose über die Entwicklung in den Naturwissenschaften seiner Zeit war es gewesen, dass sie ihr Augenmerk wieder auf die Thematiken von Ganzheit und Struktur richteten. Vor etwa 30 Jahren haben die Chemikerin und Philosophin Isabelle Stengers und der Physiker Ilya Prigogine – letzterer war, *als Physiker*, ein großer Verteidiger der Sicht auf die Wissenschaften als Formen kultureller Praxis – in ihrem Buch *La nouvelle alliance* die Akzente etwas anders gelegt. Im Sinne einer neuen Allianz zwischen Kultur- und Naturwissenschaften haben sie eindringlich darauf hingewiesen, dass sich das Wesen der Naturwissenschaften unter unseren Augen verändere – insbesondere auch der Physik. In der Einführung zu ihrem Buch stellten sie fest: „Die Wissenschaften von der Natur beschreiben von nun an ein fragmentiertes Universum, das reich an qualitativen Verschiedenheiten und potentiellen Überraschungen ist. [...] Es sind nicht mehr die stabilen und permanenten Zustände, die für uns von Interesse sind, sondern die Evolutionen, die Krisen und die Instabilitäten. Wir wollen nicht länger nur studieren, was stabil bleibt, sondern vielmehr das, was sich verändert, die geologischen und klimatischen Revolutionen, die Evolution der Arten, die Genese und Veränderung der Normen, die sich im Sozialverhalten niederschlagen."[88] Auch die Gegenstände der Naturwissenschaften sind also, wie die der Sozial- oder Geisteswissenschaften, nicht ein für allemal stabile Dinge. Es gibt auch in den Naturwissenschaften andere Formen des Wissens als Gesetzeswissen. Und umgekehrt gibt es in den Kulturwissenschaften andere Formen des Wissens als das Konstatieren von historischen Singularitäten. Vor allem aber, was die Wissenschaften in den Blick nehmen können, was sie zu ihrem Gegenstand machen können, verändert sich mit dem Wechsel und dem Wandel ihrer Zugriffe und Zugriffsmöglichkeiten, seien sie nun algorithmischer oder technischer oder reflexiver Natur.

Lassen Sie mich zum Schluss noch einmal auf Cassirer zurückkommen. Der amerikanische Philosophiehistoriker Michael Friedman hat ihn in seinem Buch über *Carnap, Cassirer, Heidegger: Geteilte Wege* als einen Denker gezeichnet, der versuchte, im Rahmen einer Philosophie der symbolischen Formen die Naturwissenschaften und die Kulturwissenschaften seiner Zeit nicht auseinander fallen zu lassen, sondern sie als ein zwar differenziertes und sich differenzierendes, aber historisch artikuliertes – und sich in dieser Ordnung auch entwickelndes – Gefüge von Ausdrucks-, Darstellungs- und Symbolwissen zu verstehen, in dem jede Seite auf die andere angewiesen bleibt.[89] Cassirer, so Friedman, war weder bereit, mit Rudolf Carnap die philosophische Reflexion in die exakten Wissenschaften einzubinden und sie letztlich auf diese zu beschränken, noch mit Martin Heidegger das philosophische Denken von der Logik des exakten Denkens abzunabeln. Er hielt dagegen an der Idee einer fundamentalen Komplementarität von Naturwissen und Kulturwissen fest, die, wie er in seiner späten Arbeit zur *Logik der Kulturwissenschaften* sagte, jedes Mal zwar „in ihrer Eigenart zu verstehen" seien, aber eben dadurch auch in ihrem jeweiligen Beitrag „zum Aufbau einer ‚gemein-

[88]   Ilya Prigogine et Isabelle Stengers: *La nouvelle alliance*, Paris: Gallimard 1979, S. 15.
[89]   Michael Friedman: *Carnap, Cassirer, Heidegger. Geteilte Wege*, Frankfurt am Main: Fischer 2004.

samen Welt'". Wenn Cassirer feststellt, dass das „Erscheinen eines
‚Sinnes', der [eben] nicht vom Physischen abgelöst ist, sondern an
ihm und in ihm verkörpert ist, [...] das gemeinsame Moment aller jener Inhalte, die wir mit dem Namen ‚Kultur' bezeichnen", darstellt,[90]
so ist diese Formulierung in mehrerer Hinsicht bemerkenswert.

Sinn liegt nicht jenseits aller Natur. Zum einen erscheint, wenn
man diese Formulierung auf das Naturwissen bezieht, dieses hier kla-
rerweise nicht als das ganz Andere allen sonstigen kulturellen Inhal-
ten gegenüber, sondern letztlich selbst als ein wesentlicher Bestand-
teil dieser Kultur. Zum anderen wird jene radikale Trennung, die
Mannheim als für die Moderne charakteristisch postulierte, auf eine
merkwürdige Weise zurückgenommen, ja unterlaufen. Der Sinn ist
und bleibt, im Rahmen der Kulturarbeit, „am und im Physischen"
verkörpert. Schließlich deutet diese Formulierung auf eine Wende in
Cassirers Werk selbst, dessen Philosophie der symbolischen Formen
zumindest *rezipiert* wurde als der Inbegriff einer vom Materiellen ab-
strahierenden Kulturbetrachtung. So hat etwa George Kubler, der
Cassirer in den Exiljahren in Yale kennengelert hatte, sein Buch über
die *Form der Zeit* mit der Bemerkung eingeleitet, es gelte, „Cassirers
einseitige Definition der Kunst als einer symbolischen Sprache", die
die Kunstgeschichte des Jahrhunderts dominiert habe, zugunsten einer „Geschichte der Dinge" abzulösen. Als Prolegomenon zu einer
solchen verstand er seinen fulminanten Essay.[91]

Cassirer war sich damit in seinem Spätwerk und auf seine Weise
Bachelard sehr nahe kommend, darüber klar, dass „die Ära der großen
konstruktiven Programme, mit denen die Philosophie hoffen konnte,
alles Wissen zu systematisieren und zu organisieren, vergangen und
vorbei" war. Das bedeutete für ihn jedoch nicht Reflexionsverzicht.
„Der Bedarf nach Synthese und Synopse, für den Überblick und eine
umfassende Perspektive", so stellte er fest, „bleibt nach wie vor bestehen, und nur aufgrund einer solchen umfassenden Übersicht kann
ein wirkliches historisches Verständnis für die einzelnen Entwicklun-

---

[90]   Cassirer: *Logik*, Anm. 48, S. 42-43.
[91]   George Kubler: *Die Form der Zeit. Anmerkungen zur Geschichte der
       Dinge* (1962), Frankfurt am Main: Suhrkamp 1982, S. 29.

gen des Wissens erreicht werden."[92] Daran, denke ich, gilt es heute nach wie vor zu arbeiten.

Zu einer solchen „umfassenden Übersicht" beizutragen, ist letztlich der Zweck eines solchen Blicks über, zwischen und und vor allem unter die Disziplinen, wie ich ihn hier vorgestellt und an einer Reihe von historisch-epistemologischen Positionen über das 20. Jahrhundert hinweg verfolgt habe. Was wir heute brauchen, ist keine neue Einheitsphantasie, sind auch keine Euphemismen, sondern vielmehr etwas, das man, um ein Stichwort aus einem frühen Buchtitel Bachelards aufzugreifen, als „kohärenten Pluralismus" im Verständnis der Wissenschaften bezeichnen könnte.[93] Ich hoffe, dass diese Bemerkungen ein paar Anhaltspunkte dafür geliefert haben, welche begrifflichen Mittel benötigt werden und noch zu entwickeln sind, um einem solchen, auch dem Recht auf Differenz Rechnung tragenden synthetischen Verständnis Vorschub zu leisten. In der Wissenschaftsgeschichte, als einem Hybridwissen besonderen Zuschnitts, gehört die Auseinandersetzung zwischen den Natur- und den Geisteswissenschaften zum Rüstzeug des Geschäfts. Sie sind damit einer der privilegierten Orte, an denen der Versuch unternommen werden muss, sich dem von Cassirer angemahnten „wirklichen historischen Verständnis für die einzelnen Entwicklungen des Wissens" und einer diesen angemessenen historischen Zusammenschau anzunähern.

---

[92] Cassirer: *Erkenntnisproblem*, Anm. 61, S. 19.

[93] Gaston Bachelard: *Le pluralisme cohérent de la chimie moderne*, Paris: Librairie philosophique J. Vrin 1932.

Literatur

Althusser, Louis: *Philosophie et philosophie spontanée des savants* (1967). *Cours de philosophie pour scientifiques*, Paris: Maspero 1974.

Bachelard, Gaston: *Le pluralisme cohérent de la chimie moderne*, Paris: Librairie philosophique J. Vrin 1932.

Bachelard, Gaston: *Die Bildung des wissenschaftlichen Geistes. Beitrag zu einer Psychoanalyse der objektiven Erkenntnis* (1938), Frankfurt am Main: Suhrkamp 1978.

Bachelard, Gaston: *Die Philosophie des Nein* (1940), Wiesbaden: Heymann 1978.

Bachelard, Gaston: *Le rationalisme appliqué*, Paris: Presses Universitaires de France 1949.

Bayertz, Kurt, Myriam Gerhard und Walter Jaeschke: *Naturwissenschaft im 19. Jahrhundert. Band 3: Der Ignorabimus-Streit*, Hamburg: Felix Meiner 2007.

Bensaude-Vincent, Bernadette und Dorothée Benoit-Browaeys: *Fabriquer la vie. Où va la biologie de synthèse?*, Paris: Editions du Seuil 2011.

Bernard, Claude: *Leçons sur les phénomènes de la vie communs aux animaux et aux végétaux* (1878-1879), Paris: Librairie philosophique J. Vrin 1966.

Bourdieu, Pierre: *Méditations pascaliennes*, Paris: Seuil 1997.

Brandt, Christina: *Metapher und Experiment. Von der Virusforschung zum genetischen Code*, Göttingen: Wallstein 2004.

Cassirer, Ernst: *Zur Logik der Kulturwissenschaften: fünf Studien* (1942), Darmstadt: Wissenschaftliche Buchgesellschaft 1994.

Cassirer, Ernst: *Das Erkenntnisproblem in der Philosophie und Wissenschaft der neueren Zeit. Von Hegels Tod bis zur Gegenwart (1832-1932)* (1950), Hamburg: Felix Meiner 2000.

Daston, Lorraine: *Biographies of Scientific Objects*, Chicago: The University of Chicago Press 2000.

de Chadarevian, Soraya und Hans-Jörg Rheinberer (Hg.), *Special Issue „Disciplinary Histories and the History of Disciplines: The Challenge of Molecular Biology"*, in: *Studies in History and Philosophy of Biological and Biomedical Sciences* 40/1 (2009).

Dilthey, Wilhelm: *Einleitung in die Geisteswissenschaften. Versuch einer Grundlegung für das Studium der Gesellschaft und Geschichte* (1883), Gesammelte Schriften, Band 1, Göttingen: Vandenhoeck & Ruprecht 1959.

Du Bois-Reymond, Emil: *Über die Grenzen des Naturerkennens*, (1872), wiederabgedruckt in: Reden von Emil Du Bois-Reymond, Band 1, Leipzig: Veit & Co. 1912, S. 441-473.

Dupré, John: *The Disorder of Things. Metaphysical Foundations of the Disunity of Science*, Cambridge MA: Harvard University Press 1993.

Epple, Moritz und Claus Zittel (Hg.): *Science as Cultural Practice.* Volume I: *Cultures and Politics of Research from the Early Modern Period to the Age of Extremes*, Berlin: Akademie Verlag 2010.

Fleck, Ludwik: *Entstehung und Entwicklung einer wissenschaftlichen Tatsache* (1935), Frankfurt am Main: Suhrkamp 1980.

Friedman, Michael: *Carnap, Cassirer, Heidegger. Geteilte Wege*, Frankfurt am Main: Fischer 2004.

Galison Peter und David J. Stump (Hg.): *The Disunity of Science. Boundaries, Contexts, and Power*, Stanford: Stanford University Press 1996.

Grene, Marjorie: *The Knower and the Known*, Center for Advanced Research in Phenomenology, Washington DC: University Press of America 1984.

Hacking, Ian: *Historical Ontology*, Cambridge MA: Harvard University Press 2004.

Halfmann, Jost und Johannes Rohbeck (Hg.): *Zwei Kulturen der Wissenschaft – revisited*, Weilerswist: Velbrück 2007.

Hagner, Michael und Erich Hörl (Hg.): *Die Transformation des Humanen. Beiträge zur Kulturgeschichte der Kybernetik,* Frankfurt am Main: Suhrkamp 2008.

Heidegger, Martin: *Die Zeit des Weltbildes*, in: *Holzwege* (1950). Gesamtausgabe, Bd. 5, Frankfurt am Main: Vittorio Klostermann 1977, S. 75-113.

Helmholtz, Hermann: *Über das Verhältniss der Naturwissenschaften zur Gesammtheit der Wissenschaft* (1862), in: Gesammelte Schriften, Bd. V,1, Vorträge und Reden, Hildesheim – Zürich – New York: Olms-Weidmann 2002, S. 157-185.

Holzhey, Helmut (Hg.): *Interdisziplinär*, Basel: Schwabe 1974.

Jacob, François: *La logique du vivant. Une histoire de l'hérédité*, Paris: Gallimard 1970.

Jahn, Ilse: *Zur Herausbildung biologischer Disziplinen an der Berliner Universität im 19. Jahrhundert, mit besonderer Berücksichtigung der Zoologie*, in: *Akademie der Wissenschaften der DDR, Institut für Theorie, Geschichte und Organisation der Wissenschaft. Kolloquien,* Heft 27, 1982, S. 1-16.

Jung, Thomas: *Die Seinsgebundenheit des Denkens. Karl Mannheim und die Grundlegung einer Denksoziologie*, Bielefeld: transcript 2007.

Kanz, Torsten: „... *die Biologie als die Krone oder der höchste Strebepunct aller Wissenschaften.*" *Zur Rezeption des Biologiebegriffs in der romantischen Naturforschung (Lorenz Oken, Ernst Bartels, Carl Gustav Carus)*, in: *NTM* 15 (2006), S. 77-92.

Kay, Lily E.: *Das Buch des Lebens. Wer schrieb den genetischen Code?*, München und Wien: Hanser 2001.

Knorr Cetina, Karin: *Wissenskulturen. Ein Vergleich naturwissenschaftlicher Wissensformen*, Frankfurt am Main: Suhrkamp 2002.

Kocka, Jürgen (Hg.): *Interdisziplinarität. Praxis – Herausforderung – Ideologie*, Frankfurt am Main: Suhrkamp 1987.

Köchy, Kristian und Anja Hümpel (Hg.): *Synthetische Biologie. Entwicklung einer neuen Ingenieurbiologie?*, Berlin: Berlin-Brandenburgische Akademie der Wissenschaften 2012.

Kubler, George: *Die Form der Zeit. Anmerkungen zur Geschichte der Dinge* (1962), Frankfurt am Main: Suhrkamp 1982.

Latour, Bruno: *Wir sind nie modern gewesen. Versuch einer symmetrischen Anthropologie*, Frankfurt am Main: Fischer 1998.

Latour, Bruno: *Warten auf Gaia. Komposition der gemeinsamen Welt durch Kunst und Politik*, in: *Wissenschaft und Demokratie*, hg. v. Michael Hagner, Berlin: Suhrkamp 2012, S. 163-188.

Laubichler, Manfred D. und Michael Hagner (Hg.): *Der Hochsitz des Wissens. Das Allgemeine als wissenschaftlicher Wert*, Zürich und Berlin: Diaphanes 2006.

Lepenies, Wolf: *Die drei Kulturen. Soziologie zwischen Literatur und Wissenschaft*, München: Hanser 1985.

Mannheim, Karl: *Über die Eigenart kultursoziologischer Erkenntnis*, in: *Strukturen des Denkens*, hg. v. David Kettler, Volker Meja und Nico Stehr, Frankfurt am Main: Suhrkamp 1980, S. 33-154.

Mannheim, Karl: *Eine soziologische Theorie der Kultur und ihrer Erkennbarkeit*, in: *Strukturen des Denkens*, hg. v. David Kettler, Volker Meja und Nico Stehr, Frankfurt am Main: Suhrkamp 1980, S. 155-322

Mayr, Ernst: *Die Entwicklung der biologischen Gedankenwelt. Vielfalt, Evolution und Vererbung*, Heidelberg – New York – Tokyo: Springer 1984.

Mittelstraß, Jürgen: *Zwischen Geist und Natur. Die Stellung der Geisteswissenschaften im System der Wissenschaft und ihre Aufgaben in der modernen Welt,* in: *Conceptus. Zeitschrift für Philosophie* 35 (2002/03), S. 109-126.

Morin, Edgar: *Le paradigme perdu: la nature humaine*, Paris: Editions du Seuil 1973.

Müller-Wille, Staffan und Hans-Jörg Rheinberger: *Das Gen im Zeitalter der Postgenomik. Eine wissenschaftshistorische Bestandsaufnahme*, Frankfurt am Main: Suhrkamp 2009.

Pickering, Andrew (Hg.): *Science as Practice and Culture*, Chicago: The University of Chicago Press 1992.

Pickering, Andrew: *The Cybernetic Brain*, Chicago: The University of Chicago Press 2011.

Polanyi, Michael: *Duke Lecture* (1964). Microfilm, University of California, Berkeley 1965, Library Photographic Service, 4th Lecture.

Polanyi, Michael: *Implizites Wissen* (1966), Frankfurt am Main: Suhrkamp 1985.

Prigogine, Ilya und Isabelle Stengers: *La nouvelle alliance*, Paris: Gallimard 1979.

Quack, Martin: *Naturwissenschaften! Warum überhaupt? Warum nicht? Gegenworte*, in: *Hefte für den Disput über Wissen* 26, Herbst 2011, S. 29-33.

Rheinberger, Hans-Jörg: *Experimentalsysteme und epistemische Dinge. Eine Geschichte der Proteinsynthese im Reagenzglas*, Göttingen: Wallstein 2001.

Rheinberger, Hans-Jörg: *Epistemologie des Konkreten. Studien zur Geschichte der Biologie*, Frankfurt am Main: Suhrkamp 2006.

Rheinberger, Hans-Jörg: *Historische Epistemologie zur Einführung*, Hamburg: Junius 2007.

Rheinberger, Hans-Jörg: *Kulturen des Experiments* in: *Berichte zur Wissenschaftsgeschichte* 30 (2007), S. 135-144.

Rheinberger, Hans-Jörg: *Pfropfen in Experimentalsystemen*, in: *Impfen, Pfropfen, Transplantieren*, hg. v. Uwe Wirth, Berlin: Kadmos 2011, S. 65-74.

Rheinberger, Hans-Jörg: *In Vitro*, in: *UnTot. Existenzen zwischen Leben und Leblosigkeit*, hg. v. Peter Geimer, Berlin: Kadmos 2014, S. 68-79.

Rheinberger, Hans-Jörg: *Heidegger and Cassirer on Science after the Cassirer and Heidegger of Davos*. (*History of European Ideas*, im Druck)

Rheinberger Hans-Jörg und Staffan Müller-Wille: *Vererbung. Geschichte und Kultur eines biologischen Konzepts*, Frankfurt am Main: Fischer 2009.

Schluchter, Wolfgang: *Natur und Kultur. Über die spannungsreiche Beziehung zwischen den Natur- und Kulturwissenschaften*, in: *Forum Marsilius-Kolleg* 07 (2013).

Siegert, Bernhard: *Kulturtechnik*, in: *Einführung in die Kulturwissenschaft*, hg. v. Harun Maye und Leander Scholz, München: Fink 2011, S. 95-118.

Snow, Charles P.: *The Two Cultures and the Scientific Revolution. The Rede Lecture* 1959, New York: Cambridge University Press 1961.

Star, Susan L. und James R. Griesemer: *Institutional ecology, ,translations' and boundary objects: Amateurs and professionals in Berkeley's Museum of Vertebrate Zoology*, 1907-1939, in: *Social Studies of Science* 19 (1989), 387-420.

Windelband, Wilhelm: *Geschichte und Naturwissenschaft*, Strassburg: Heitz 1894.